未来予測入門

元防衛省情報分析官が編み出した技法

上田篤盛

講談社現代新書

2545

はじめに

私は防衛大学校卒業後の１９８４年に陸上自衛隊に入隊し、87年に陸上自衛隊調査学校の語学課程に入校して長らく情報関係の任務に携わってきた。

92年から95年にかけては在バングラデシュ日本国大使館で警備官として危機管理や邦人安全対策などを担当した。帰国後は、調査学校の教官を経て戦略情報課程および総合情報課程を履修し、以後、15年以上にわたって防衛省の情報分析官および自衛隊情報教官として、主として国家安全保障分野における情報分析の実務や教育を担当してきた。

「インテリジェンス」が情報活動や情報分析を指す言葉であることが一般社会でも知られるようになって久しいが、このインテリジェンスを実際にわが国のために行うのが私の仕事であった。

「インテリジェンスとはなにか？」をあらためて説明すると、ある相手（たとえば北朝鮮など他国）に関する情報を可能な限り集めたうえで、その情報を元に相手が潜在的にどの程度の能力をもっていて何を考えているかなどについて分析し、そして将来的に相手がどう動くかを予測する、という作業である。

本書は、私が職務を通じて培（つちか）ったインテリジェンススキルを応用した未来予測の入門書だ。さらに言えば、自分の周辺の未来、あるいは、自分が属する会社や業界の今後などを、可能なかぎり正確に予測する技術を指南する本である。

世界の情報機関がごく普通に使っている思考法や分析手法をアレンジし、駆使することで、「未来予測」はぐっと身近なものになるのである。

未来の予測はどこまで可能か

ただ誤解しないでいただきたいのだが、本書を読んだからといって予言者のように未来を言い当てることができるようになるわけではない。情報分析、未来予測といっても、しょせんは生身の人間が行う行為である以上、分析を行う側が自分自身の狭い了見で物事を見てしまう、自分の勝手な思い込みで情勢を判断してしまうバイアスを完全に排除することはできないし、私自身とてその例外ではない。また相手方がこちらの判断を誤らせるために意図的に流した偽情報と、正しい情報とを判別することも容易ではない。

したがって、本書でこれから紹介することになる数々の未来予測の「技法」にしても、その本質は、様々なバイアスに惑（まど）わされることなく客観的に物事を判断し、意思決定を行うための方法論ということになる。

現在、CIAやMI6など、欧米各国の情報機関においては、錯綜する情報を体系的に分析するための方法が盛んに研究されている。だがこうした、インテリジェンスの頂点に位置するような機関であっても、やっていることは基本的に変わらない。彼らもまた、分析する人間自身のバイアスをいかに排除し、その悪影響を限りなく少なくするにはどうしたらよいかを研究しているに過ぎないのである。

たとえば「シナリオ・プランニング」という、第二次大戦中のアメリカで軍事戦略を立てるために編み出され、今ではビジネスの世界でも広く知られている未来予測の手法がある（本書では第3章で詳しく解説する）。これなどは未来において起こりうるシナリオを実現可能性が高いと考えられるものから、よほどのことがなければ実現しないものまで複数考えておくことで、実際の未来でどのような事態が起きても柔軟に対応しようとして考案されたものである。

読者の中には、こうした手法をまどろっこしいと感じる人もいるかもしれない。「そんなことをしなくてもこれだけテクノロジーが進化した世の中なのだから、AI（人工知能）にビッグデータを解析させるだけでもっと確実に未来を予測できるのではないか」と思う人もいるだろう。たしかに私自身、ビッグデータの集積や、ＡＩによるその解析は今後安全保障の領域にも確実に影響をおよぼすだろうし、実際にこれらが分析の助けになることも間違いないと思っている。

たとえば「いつ、どこで、どのようなテロ事件が起こりうるか？」といった問いに対しては、ビッグデータをＡＩが解析することで高い確率で未来予測がなされ、適切な対応策をとることも一時的には可能になるはずである。

ただしテロリストの側も、自らの作戦が失敗すれば次はかならず対抗策を講じてくる。ＡＩに予測されて失敗したのであれば、今度は作戦前にデータに偽情報を混入させることで判断を誤らせようと試みるかもしれないし、データを保有するクラウドに対してサイバー攻撃をかけてくるかもしれない。あるいは、データからＡＩが導き出すであろう答えをあらかじめ把握した上で、敢えてその答えとは違う作戦を実行するテロリストが出てくる事態も考えられる。

そうなると結局、ＡＩが出す答えはなかなか当たらなくなるだろうし、テロリストと情報分析官による、新たな「いたちごっこ」が繰り広げられるだけだろう。

つまり、ビッグデータや統計学などが意味をなさないケースは未来においても十分予測されるのであり、人間による分析はどのような時代においても必要とされる。だからこの職務に携わる者は、その分析力を常に磨き続けなければいけないのである。

できる人は「先を読む」のに使っている？

本書の目的は、こうした未来予測のノウハウを一般の人々、とくにビジネスパーソンにそれぞれの仕事の領域で役立ててもらうことにある。そうした本を、安全保障分野の情報分析一筋で、民間でのビジネスの経験もない私が書こうと考えたきっかけは、自衛隊退官後に講演会などに招かれるようになり、様々な業種・業界で活躍するビジネスパーソンとの交流を通じていくつかの発見が得られたことによる。

そのひとつは、ビジネスの世界で活躍している様々なプロフェッショナルたちが、ことのほか、自分の持っている情報を客観的に分析する、という点に限れば意外とできていないということだ。逆に言えば、自分の集めた情報を客観的に分析し、自分の仕事に役立てている人もごく少数ながらいる。皆さんの周りで、仕事ができる人、物事の先を読むのに長けている人がいるかもしれないが、そういう人はたいてい、私が本書で述べるテクニックの一部を駆使して（あるいは知らず知らずのうちに使って）思考・分析を繰り返しているのである。

2番目の発見は、安全保障分野だろうとビジネス分野だろうと、情報を分析したり、戦略を立てたりする際の基本的な思考パターンにはそれほど違いがないらしいということ、そして第3に、情報分析の手法を習得したいという願望を持っているビジネスパーソンが私の予想よりずっと多かったということである。これは安全保障の世界ではずっと昔に確立され、普遍的とされている情報分析の手法さえも一般社会に伝わっておらず、普及していないということの裏返しでもあるだろう。

だが本書に紹介した手法を注意深く読み、第4章以降に書かれているケーススタディを参考にしながら自分のものにできれば、自分の業界や周囲の情報を集めて、身の回り、業界の未来を、ある程度予測することができるようになっているはずである。

「人生100年時代」の到来により、現代に生きる人は、これまでのどの時代に生きた人よりも長い時間を「自分に関係のある時代」として視界に捉えることが要求されている。そのような時代に生きる、なるべく多くのビジネスパーソンに、筆者が確立した未来予測のための情報分析の手法に触れてほしいと願っている。

目次

第１章　未来予測とは何か

未来は主観的なものである

未来予測について論ずるにあたって、まず「未来」とは何なのかについて考えてみたい。「未来」という言葉を知らないという人はいないだろうが、この言葉を辞書であらためて調べてみると、「現在のあとに来る時。これから来る時。将来」（デジタル大辞泉）とある。

この定義のとおり、未来は過去と現在の延長として必ずやってくるものであり、やってくる未来から逃れ、現在にとどまり続けられる人はどこにもいない。そして不可避であるがゆえに、多くの人にとって未来は、不安と希望が入り混じったものとなる。

そして未来は、意外と主観的なものでもある。アフリカの片田舎で起きていることについて今現在何も知らない人は、未来においても何も知らないまま一生を終えるというケースがほとんどだろう。

また、現在20歳代の若者にとって「50年先の未来」はかなりの確率でいずれ当事者として関わらなければならないものであるのに対して、まもなく60歳になる筆者のような人間からすれば、「50年先の未来」は基本的には自分の死後の話でしかない。

つまり、「今から50年後」という時点は一見普遍的なもののようで、その意味するものは人それぞれまったく違うのである。だからある人が未来予測を試みるとき、それは基本的には自分あるいは自分と関係の深い誰かにとっての未来を知ろうとすることであり、その人達が被(こうむ)るであろう影響について予測するということになるのである。

ＡＩに関するテクノロジーの発展とともに、未来予測は、いま世界的に見ても活況を呈しており、世界の名だたるシンクタンクらが莫大な資源を投入し未来予測に取り組んでいる。

これは科学技術の急激な進歩とグローバル化の進展によって時代の変化のスピードが加速するのに比例して、人びとの抱える先行き不透明感もまた増しているからだろう。こうした状況で、誰かが説得力のある未来を予測して提示することができれば商業的な利益につながるし、その「起こりうる未来」を他人よりも早く知り、先んじて行動できるなら、その人もまた大きなビジネスチャンスを得られるというわけだ。

未来予測は外れるのが当たり前

とはいえ人間は神様ではないのだから、未来の出来事を直観的に予知することなどできない。したがって、我々が未来を予測しようとするならばまずデータを集め、そのデータを分析するという方法に頼るしかないのだが、仮にこの手法を理想的にやり遂げたとしても、未来を予測することは本当に難しい。

なぜなら未来とは、ブラジルの１匹の蝶の羽ばたきがテキサスで竜巻を引き起こすという、いわゆる「バタフライ効果」の喩え（たと）のように、ごく些末（さまつ）なひとつの変化によって全体として大きく変わりうるものだからである。

経営学者のピーター・Ｆ・ドラッカーは、「われわれは未来について、二つのことしか知らない。一つは、未来は知りえない。二つは、未来は、今日存在するものとも今日予測するものとも違う」（『創造する経営者』ダイヤモンド社刊）と述べている。

筆者が子どものころ読んでいた少年漫画誌には、よく未来の街や乗り物などを想像で描いたイラストが載っていた。こうした絵は「子ども向け」ということもあり、ここで描かれた予測がほとんど当たっていないからと言ってあげつらうのは大人げないと思う人もいるだろう。ただ私に言わせれば、未来予測なるものは大人向けであろうとことごとく外れてきたといってもいいくらいのものなのだ。

比較的予測しやすいと言われる人口動態もその例外ではない。米国では１９２０年代に出生率が低下し始め、１９３０年代まで下がり続けた。そのため１９３５年には、アメリカの人口は30年後に3分の2程度まで減少しているだろう、と予測された。しかし、第二次世界大戦が始まるとアメリカの若い男女たちの結婚率が急に上がり始めた。さらにそれにつれて出生率も大幅に増加し、戦争直後の1946年にはベビーブームを迎えたのである。

市場規模に関する予測なども大きく外れた事例はたくさんある。1982年には、当時アメリカで最大の電話会社だったAT&Tが、コンサルティング会社のマッキンゼー・アンド・カンパニーに「2000年時点の携帯電話の市場規模を予測してほしい」と依頼したことがある。

この依頼に対してマッキンゼーは、最終的なレポートで「90万台」と回答したと言われている。だがこれが実際にどうなったかはあらためて言うまでもないだろう。携帯電話の市場規模は2000年までにあっさりと1億台を突破、3日ごとに100万台が売れる状況になり、2015年には、AT&T株がアメリカ経済を代表する30銘柄を厳選したダウ工業株30種平均からも姿を消した。その交代劇は皮肉なことに、スマートフォン「アイフォーン」のメーカーであるIT大手アップルと入れ替わる形だった。

このマッキンゼーの例に限らず、知性もあり情報にも通じたはずの人たちが未来予測に挑み、結果として無様な失敗を喫した例は枚挙にいとまがない。

過去の未来予測の検証

イギリス・エコノミスト社の『2050年の世界』で示された、
1970年代の未来予測とその結果

1971年の未来予測	40年後の実際の未来
人口爆発は食い止められない	人口成長率は半減
全世界的な飢饉が必ず発生	飢饉は局所的にしか発生しない
作物収量の増加が衰える	平均作物収量は2倍に
核戦争の結果、核の冬が訪れる	核兵器の3分の2が取り除かれる
全世界的パンデミックの発生	全世界的流行は発生せず
全世界の不平等度が上昇	貧困国が急速に豊かに
石油とガスは間もなく枯渇	石油とガスの価格が下落
都市の大気汚染が深刻化	大気汚染は世界全体で迅速に改善
五大湖が汚染で瀕死の状態	五大湖の浄化
狂牛病で数十万人が死ぬ	狂牛病死者は20年間で172人程度
Y2K問題で文明の一部が崩壊する	些細な問題が生ずる程度

『2050年の世界』〈英『エコノミスト』編集部、文藝春秋刊〉を元に三菱総合研究所が作成した表

三菱総合研究所「政策・経済研究センター」の主席研究員・白戸智氏が２０１６年１月に発表したセミナー資料「三菱総研が捉える社会シフト――予測できない未来を捉える」によれば、シンクタンク機能も持っていることで知られる英国の代表的な経済誌『エコノミスト』が、２０１２年に『２０５０年の世界』と題して40年後の世界がどうなっているかを予測している。

三菱総研の報告が興味深いのは、その際に同誌が１９７０年代において社会の中で言われていた未来予測が、40年後の同誌刊行時点でどうなったかを検証していることだ。その結果は上の表のようなもので、ほとんど「惨敗」と呼ぶしかないものだった。

なぜ当たらないのか？

それにしても未来予測は、なぜ昔からこうも当たらないのだろうか？　ひとつの理由として考えられるのは、悲観論の存在である。

私達が日々マスメディアで触れるニュースにおいて、ポジティブなニュースとネガティブなニュースのどちらが多いだろうかと問えば、これは明らかに後者だろう。このことからもわかるように、人間にはポジティブな情報よりもネガティブな情報に対し、より敏感に反応するという傾向がある。

こうした、見方によっては「悲観論を喜ぶ」メンタリティが誰の中にも一般的な傾向としてあることが、その人の行う未来予測を無意識のうちに暗い方向、悪い方向へと誘導しているという可能性は否定できない。

しかもこうした悲観論が示されるにあたっては、どういうわけか、それらのネガティブな状況に対して人間や社会の側が有効な手立てを見つけられないという「設定」が言外に含まれているのも問題だ。

実際には過去の歴史を見てもわかるように、人間社会は新たな困難に直面するたびに、それについて学び、対策を講じてきた。日本だって、かつて石油危機を経験したり、環境問題を引き起こしたりしてきたが、そのたびにエネルギー対策や環境対策を行ったから現在があるのである。あらゆる「問題」は対応が可能だし、対応の結果、改善が図られれば当初予測された悪い未来も当然変わってくるのだが、多くの未来予測においてはそのことが忘れられがちだ。

人が未来予測を外してしまう理由の第2は、未来において発生する科学技術上の「ブレークスルー」を、過去の世界に生きる人間はなかなか想像できないということである。たとえば今日普及したスマートフォンを含むＩＣＴ（情報通信技術）であるとか、ＡＩの登場などは、半世紀前、１９７０年代の人間が予想できる範囲を明らかに超えている。

逆に科学技術を信奉し過ぎるあまり、その制約要因を考慮しないというのも未来予測者が陥りがちな罠（わな）である。

こちらもなるべくわかりやすい例を挙げると、近代的な建物や高速鉄道網を建設する場合に、中国や北朝鮮のような非民主的な国であれば、政府がそれらの施設を作りたい場所に住んでいる住民たちを強制的に立ち退かせれば、その跡地に簡単に作ることができる。しかし日本やアメリカのような民主主義の国ではそうはいかない。これら民主主義の国では国民が財産を私有する権利を保障されているがゆえに、その権利を侵害する形での開発はたとえ国益に資する場合でもそう簡単にはできない。いわば「近代化」の制約を受けるわけだ。

あるいは、社会的道義や倫理観も科学技術の制約要因になりうる。わかりやすい例では、人間の細胞から人間を複製することは技術的にはすでに可能となっているにもかかわらず人道上・倫理上の見地から研究が制限されている。同様に、脳死状態にある人から臓器を提供されて行う臓器移植も、技術的にはすでに確立したものではあっても倫理上の問題から実行するのはそう簡単ではない。

未来予測のポイント

本書の冒頭からここまでの間、私は、未来予測がいかに困難であるかという点ばかり述べてきた。だが、だからといって、「未来予測など無駄だから最初からやめるべきだ」と言いたいわけではない。未来予測はたしかに難しいものではあるが、やり方によっては精度を上げることは可能であることも同じくらいに強調しておきたい。

ポイントは、比較的当たる領域のものを中心に予測し、それをベースに修正を加えていくことだ。

たとえば天気予報などは、１週間先くらいまでならばかなりの精度で当てることができる。また人口統計などは数十年先までほぼ正しく予測できるし、国際情勢も大きな潮流に限れば数年先まで予測可能である。

このようなある程度まで間違いのないデータに裏付けられた予測を幹に据え、その上で修正を加えていけばいいのだ。

そして、その作業をする上で大事なのは歴史を知ることである。先程も述べたように、未来は人間がつくるものなので未来を予測しようとする者は人間を知る必要があるが、その人間なる存在を知る上で歴史ほど手っ取り早い教科書も他にないからだ。

ローマの歴史家クルチュウス＝ルーフスが「歴史は繰り返す」と教えたように、歴史は人間が動かすものであるがゆえに、つぶさに見れば、そこには未来においても繰り返されるであろう普遍的なパターンを読み取ることができる。

似た言葉に、古代ギリシャの歴史家トゥキディデスの「未来は過去の反復ではないにしても、人間性の導くところふたたび過去と相似した過程を辿る」という格言もある。

もっともそれだけでは未来予測につきまとう不確実性を排除することはできない。この不確実性に対応するには複数のシナリオを想定し、そのシナリオごとの対処法を考えておく必要がある。

北朝鮮の歴代指導者やアメリカのトランプ大統領などは、客観的に見れば理にかなっているといいがたい、突拍子もない行動をとることで世界中を驚かせることがある。トランプに至ってはおそらく彼自身さえも、半年後に自分が何をするかよくわかっていないのではないだろうか。

彼らのような、行動に大きな振幅がある対象の動きを予測するには、ある一つの可能性に基づくシナリオだけでなくそれとは全く別のシナリオを作成し、どちらが起きても対応できる態勢を整えておく必要がある。

「はじめに」で少し述べたシナリオ・プランニングなどは、まさにこうした考え方にもとづいた未来予測の最も基本的な手法のひとつである。

いずれにしても未来予測においては、複数のシナリオを考えたうえでそれに応じた準備を行う。未来予測とは、言い換えれば「最良の準備をする」作業にほかならないのである。

第２章　情報分析とは何か

インフォメーションとインテリジェンス

この章と次の章では、私が情報分析官の職務を通じて体系化した情報分析および未来予測の手法の数々を、ひとつひとつ具体的に説明していくことにしたい。ただし「情報分析」という行為の本質を理解してもらうには、最初にインテリジェンスとインフォメーションとの違いを知っておいていただく必要がある。

インテリジェンスとインフォメーションは、日本語ではともに「情報」と訳されるものだが、その内実はかなりの違いがあるものだからだ。

この両者の違いをひとことで言えば、インテリジェンスは、人間により一定の手間をかけて作られる「料理」であるのに対し、インフォメーションはその料理を作るための「生の素材」ということになる。生素材をさらにインフォメーションとデータとに細かく分けて呼ぶ場合もあるが、この両者の区分はさほど厳密ではないため、本書では、インテリジェンスの元になる生素材をひとまとめに「情報」と呼ぶことにする。

いずれにしても、こうした素材としての情報を分析、加工することでできあがる「プロダクト」（製品）がインテリジェンスである。

国際関係では状況の変化が激しいときほどしっかりとした戦略・戦術を立てて臨むこと

が必要であり、これはビジネスの世界でも同じだろう。インテリジェンスとは、その戦略・戦術を立てるために情勢の変化を先行的に読み取り、的確に状況を判断する、その状況判断の基礎となるものである。

3つのインテリジェンスと情報分析

本書のテーマである未来予測について語る前に、インテリジェンスと情報分析との関係についても簡単な整理をしておきたい。構図がやや複雑なので、次ページの図表を見ながら確認していくと理解しやすいだろう。

まず、(インフォメーションを分析・加工することで出来上がる)インテリジェンスには、3つの種類がある。相手国の地理、歴史、政治、社会、経済、軍事などのトレンド(潮流)を把握するために必要な「基礎インテリジェンス」、対象国において現在進行形で起きている物事を分析するのに必要となる「動態インテリジェンス」、さらには「○○が起こるかもしれない」といった未来を予測する「見積りインテリジェンス」の3種類である。

いっぽう、情報分析は、おおきく現状分析と未来予測に分けられる。未来予測は現状分

インテリジェンスと情報分析

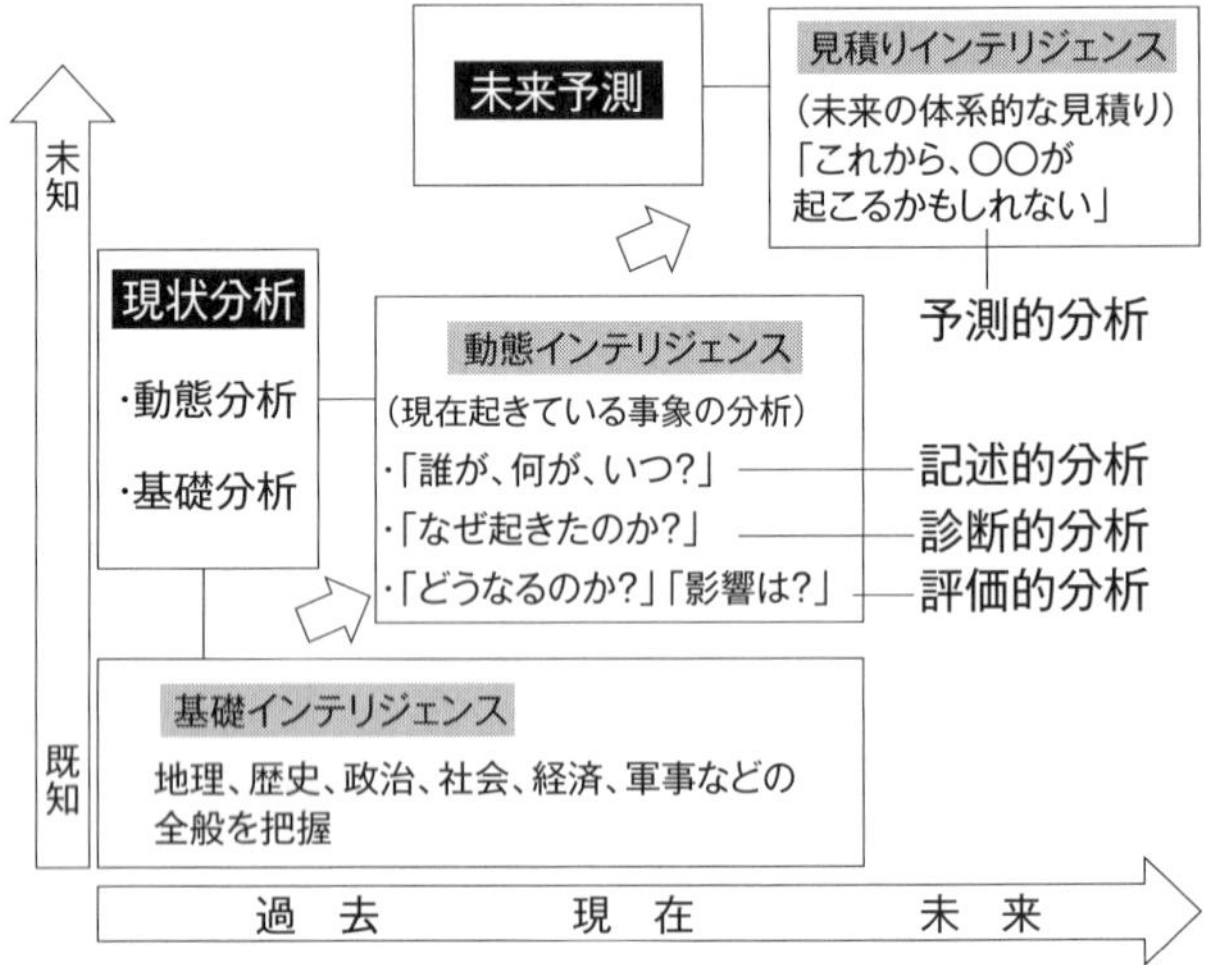

©Atsumori Ueda

析の上に築かれるということだ。

現状分析は、さらに「基礎分析」と「動態分析」に区分できる。基礎分析は基礎インテリジェンスを生成するための分析、動態分析は動態インテリジェンスを生成するための分析である。

さらに動態分析は「誰が、何が、いつ?」など、ものごとの主語や述語、目的語をはっきりさせるために行う記述的（描写的）分析（Descriptive Analysis）、その事象が「なぜ起きたのか?」という因果関係を明らかにするために行う診断的（説明的）分析（Diagnostic Analysis）、そして「それは自分たちにとって何を意味するか？　どのような影響が考えられるか？」などを考察する評価的分析（Evaluative Analysis）に分けられる。

これら現状分析の上に行われるのが予測的分析（Predictive Analysis）、つまり「今後何が起こるのか？」についての「見積りインテリジェンス」を生み出す分析であり、そしてこれこそがイコール未来予測でもある――というわけだ。

インテリジェンス・サイクル

続いて次ページの図をご覧いただきたい。これは米国情報機関ＣＩＡが昔から使用している、インテリジェンス・サイクルの概念図を日本語訳にしたものだ。インテリジェンス・サイクルとは、収集したインフォメーション情報からインテリジェンスを生成し、そのインテリジェンスを必要とする相手に提供するまでの循環モデルである。

ビジネスの世界にはかなり前からＣＩ（Competitive Intelligence＝競合情報分析）という概念が存在する。具体的には、競合他社や自社商品の類似商品、市場の動向などに関する一般公開情報を収集し、体系的に分析することを指すもので、１９７０年代には日本の自動車メーカーがアメリカ国内の競合他社分析に用い、米国市場に食い込むのに大いに貢献したノウハウとしても知られている。実はこのＣＩで活用されるインテリジェンスの

インテリジェンス・サイクル

CIAのウェブサイトを参考に筆者が作成

モデル（SCIPモデル、競合情報専門家協会モデル）もCIAモデルとほぼ同様のものである。つまり、ここに取り上げたCIAモデルは問題解決や戦略立案のための、汎用的なモデルといってよいものなのだ。

インテリジェンス・サイクルが具体的にどういう循環をするものなのか、以下、具体的に説明していこう。

インテリジェンス・サイクルの第1段階は、「計画・指示」(Planning & Direction) である。

ここで使用者（インテリジェン

スの世界では、この使用者を「カスタマー」または「ユーザー」と呼ぶ。具体的にはインテリジェンス専門家を使う立場にある、総理大臣やその国の情報機関の責任者など）から、「A国の情勢はどの程度安定しているか？」といったインテリジェンス上の「問い」、すなわち情報要求が発せられる。

この情報要求に基づいて、第2段階「収集」（Collection）がスタートする。ここでは、収集機関や分析機関がA国の新聞や報道のほか、A国内部の重要人物から関連の情報を得ようとする（これがヒューミント、つまり人間を媒介にした諜報である）。さらにはA国の通信を傍受したり、偵察衛星を差し向けるなどの活動も開始される。すなわち、オールソース（全情報源）への接触や開拓が始まるのである。

第3段階は、「処理」（Processing）である。ここでは、映像・画像の解析をしたり、メッセージの解読、外国語放送の翻訳、テレメトリー信号の解析、暗号の解読などを行ったりするほか、ヒューミントから得た情報をわかりやすい形や文脈に整理する作業も行われる。また、のちの分析に使用しやすいように情報にキーワード（属性）を付与し、データベース化する。

第4段階「分析・作成」（Analysis & Production）では、「処理」されて既存のデータベースなどに保管された情報（もしくはインテリジェンス）を使用して、使用者の情報要求に適うインテリジェンスを作成する。ここでは、後述するようなさまざまな分析手法が用いられることになる。

そして最後の第5段階「配付」(Dissemination)で、使用者への口頭報告や、文書形式ないしはパワーポイント形式による「インテリジェンス・プロダクト」の提出が行われる。この1から5までの段階を繰り返すのだ。

「情報分析」という仕事は、狭義では情報(インフォメーション)を分析してインテリジェンスを作成するまでの過程ということになり、先に示したインテリジェンス・サイクル中では、主に第4段階の「分析・作成」(Analysis & Production)がそれに当たる。

情報分析の基本的な実施要領

ここまでで私が説明したのは、情報組織におけるインテリジェンス・サイクルの仕組みだが、実際の業務においては組織レベルとは別に、情報分析員ひとりひとりのレベルでも似たようなサイクルが意識されている。

以下に示すのは、私が欧米情報機関のマニュアルや刊行物などを参考に作成した情報分析者個人レベルでのインテリジェンス・サイクル(以下=**個人レベルモデル**)である。

個人レベルモデルの情報分析

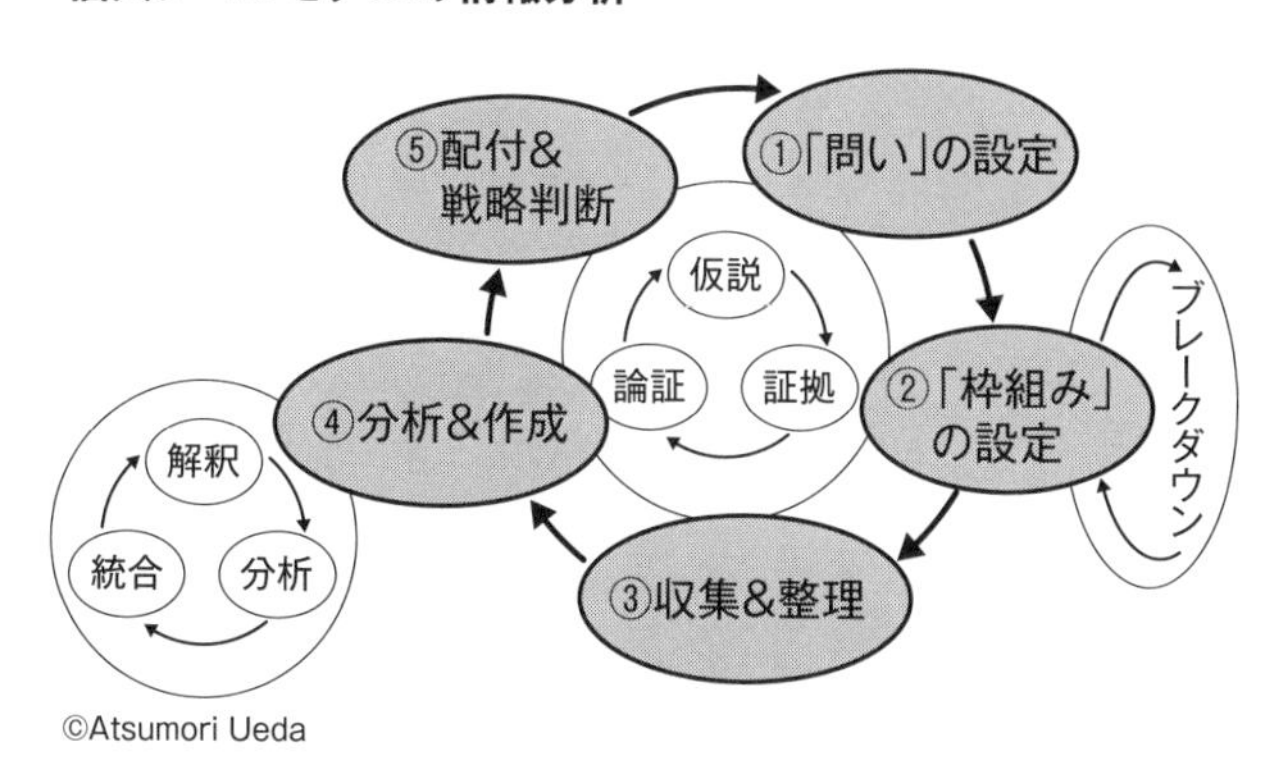

すべての情報分析は「質問＝問い」の設定から開始される。次ページで述べる「問い」の設定は、米ＣＩＡモデルの「計画・指示」に相当し、最初に情報分析の方向性を規定するという重要な役割を持つ。方向性を規定しなければ知りたいことは分からないからだ。

ただし、米ＣＩＡモデルとは異なり、個人レベルモデルでは、その後すぐに情報の収集を開始しない。今日のように情報が氾濫する社会ではいきなり情報収集を始めても効率的な分析は望めないからだ。だから、その前の段階で、「どのような情報を集めるべきか」という「枠組み」をある程度設定した上で、その枠組みに該当する情報だけを収集あるいは整理する。そこでやっと分析を行うことになるのだ。

実は、このような手順は、政府組織などに属する情報分析官もあまりよく理解しておらず、彼らもいきなり情報を集めようとする。

私が推奨する個人レベルモデルは、ビジネスパーソンが自分の業務を遂行するための戦略を立てる際にも役立つはずのものなので、さらにしっかりと説明しておこう。

①**「問い」の設定**……国家情報機関の情報分析官であれば、政策決定者の立場に立って、最初に「何を知るべきか」明らかにする。ビジネスのコンサルタントであれば、企業家などの顧客の立場に立って同じことを行う。これが「問い」の設定であり、すなわち論点の明確化である。もちろん、個人が独自に問題を設定し、情報分析を行うケースも該当する。

②**「枠組み」の設定**……論点に対する回答、つまり、アウトプット（結論）を意識（イメージ）する。具体的には、「問い」を低位まで細かく分解（ブレークダウン）したりすることで、「問い」を解くために必要な情報の「枠組み」を設定する。

③**収集&整理**……すでにある情報を自分自身が活用しやすいように整理する。不足の情報があれば自ら収集するか、他者に依頼し、そうして得た新たな情報を再整理する。

④**分析&作成**……整理及び収集した情報を分析してインテリジェンスを作成する。この段

階は、後述するように「分析」「統合」「解釈」の3つに分けられる。
⑤**配付&戦略判断**……顧客（カスタマー）に対してインテリジェンスを提供する。他方、ビジネスにおいては、戦略判断まで顧客に代ってコンサルタントが行うこともあるので、ここでは配付&戦略判断とした。

分析&作成における3つの過程

先ほど私は、④「分析&作成」の段階は、厳密には「分析」「統合」「解釈」の3つの過程に分けられる、と述べた。

分析とは、自分の分析対象であるものごとの意味をいくつかの構成要素に分けることである。一般的には、「問い」を解くために入手した情報を、ある事実、ある観点から各要素に体系的に分類し、分類された要素ごとに分析し、「問い」の回答を案出する。たとえば、「X国はミサイルを発射するか?」という「問い」は、「X国の指導者はミサイル発射を声明したか?」「燃料車両は発射場に進入したか?」「燃料は注入されたか?」「ミサイルは発射台に取り付けられたか?」など、より下層の「問い」にブレークダウンしてその回答を案出していく。

統合とはその逆で、個々のインテリジェンス事実を組み合わせて、より大きな意義のあるインテリジェンスを作成することである。つまり、その事実と関連のある既得の情報やインテリジェンスと照合し、広い視野に立ちながら、その事実の内的・外的関連を明らかにするわけだ。

たとえば、「X国はミサイルを発射するであろう」というインテリジェンスと「その時期は建国記念日前後の可能性が大」などとを組み合わせて、「X国は、国威発揚を狙いとしてミサイルを発射するであろう」などのインテリジェンスを作成していくのである。

ただし、分析と統合は明確に区分できるわけではない。分析と統合がフィードバックを繰り返しながら、意義あるインテリジェンスへと高められることも多いからだ。

「分析」と「統合」がなぜ必要なのか、少し脇道にそれるが、インドの古い言い伝えを紹介しよう。

その昔、目の不自由な6人の人がゾウに触れ、王からそれが何だと思うか問われた。足を触った人は「柱のようだ」、尾を触った人は「綱のようだ」、鼻を触った人は「木の枝のようだ」、耳を触った人は「扇のようだ」、腹を触った人は「壁のようだ」、牙を触った人は「パイプのようだ」と答えた。それを聞いた王は「あなた方は皆、正しい。答えが食い違っているのは、あなた方がゾウの異なる部分を触っているからだ。ゾウは、あなた方の言う特徴を、全て備えている」と答えた。

分析・統合・解釈のイメージ

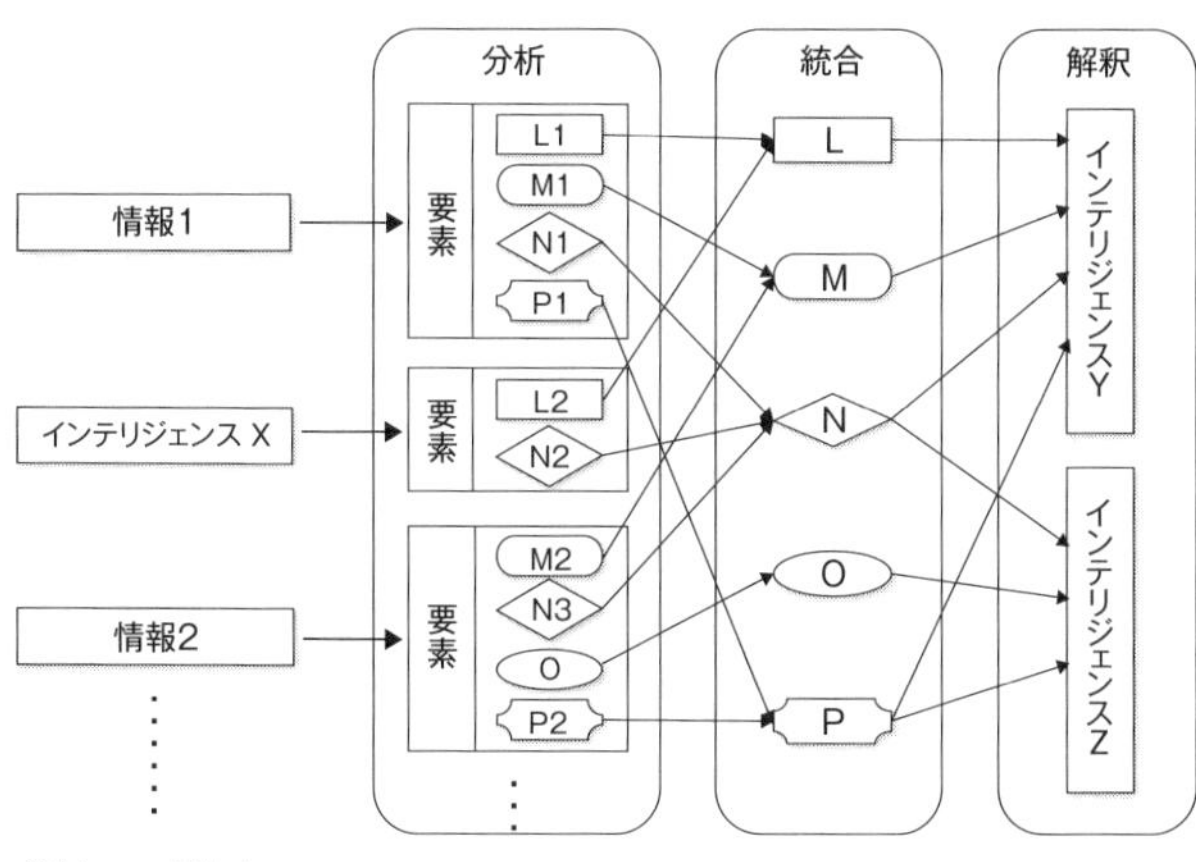

©Atsumori Ueda

6人はいずれも正しい分析をした。しかし、それだけでは物事の本質にたどりつかない。だから、統合が必要になる。仮に、3人か4人の段階で分析結果を統合すれば、ゾウという答えはもっと早く導き出せたかもしれない。これが分析と統合のフィードバックを繰り返す利点である。

最後に解釈とは、統合されたインテリジェンスに関して、何が重要なのかということを読み解く作業である。いわば、インテリジェンスの意義を決定することである。

具体的には、「X国のミサイル発射がわが国の領土に指向(要するに発射)される可能性があり、わが国は破壊措置命令の準備と破壊措置態勢を講じる必要がある」などのインテリジェンスが該当する。

これは使用者の情報要求に照らし、結論を述べることでもある。ある一つの事象を目撃しても、これを見た人の視点や観点の相違によって、数多くの解釈がありうる。

仮説を立てて論証する

先述のとおり情報分析は、例外なく「問い」の設定から始まる。そして「問い」には必ず答えがあるので、その答えがまだ完全に見えていない段階では「仮説」を立てることができる。仮説とは、「問い」に対してある程度の理論的根拠をもって提示する「仮の回答」と考えればよいだろう。

仮説を真説、すなわちインテリジェンスに高めるためには、証拠による論証（検証）が必要となる。この仮説↓証拠↓論証というプロセスは、個人レベルモデルの②「枠組み」の設定や④の分析&作成という一連のプロセスのコアになるものである。このように仮説を立てて、事実の意味などを明らかにする思考法を「仮説思考」と呼ぶ。

通常、複数の情報からある一つの仮説を立てる。たとえば、「X国はミサイルを発射するか?」という「問い」に対しては、「X国のミサイル発射場の車両の出入りが頻繁である」「X国指導者がミサイル発射を宣言した」などの情報から、「X国は近々ミサイル発射を行う」といった仮説を立てることになる。

次に、既存の情報を篩にかけて、その仮説を立証あるいは反証する、より決め手となる情報、すなわち証拠を探す。たとえば、「X国の車両は2週間前に比して倍増した」「燃料トレーラーが発射場に進入した」「X国指導者が宣言したことは過去に80％の確度で実現した」などの兆候や妥当性とつき合わせて、仮説を立証あるいは反証することになる。

仮説を立てる、あるいは論証を行うためには創造力が必要だ。創造力を駆使する思考法を**創造的思考**（**クリエイティブ・シンキング**、**水平思考**）という。これは蓄積された経験、過去の教訓などから得た一種の〝第六感〟を頼りに、物事の本質を「これだ！」とズバリ言い当てるタイプのものである。

なお創造的思考の代表的な手法には、ブレーンストーミングやマインドマップがあるが、これらについては第3章で詳述する。

一方で創造的思考は、拠って立つ法則がないため客観性や論理性に欠けた思考に走るリスクも常にはらんでいる。よって、この思考によって得た結論に対しては、かならず論証（検証）という過程が必要となる。

論証はしばしば創造的思考に対する**論理的思考**（**ロジカル・シンキング**、**垂直思考**）により行われる。この思考法は不完全、曖昧、矛盾した情報から、因果関係などを見つけ出して、事実の意義付けを行う推理であり、代表的な手法には演繹法と帰納法がある。

現代社会においてはさまざまな情報が氾濫している。必要な情報を取捨選択して、それを論理的思考により組み立ててインテリジェンスへと転換することは容易ではないし、また時間がかかりすぎる。

そこで、創造的思考により作成するインテリジェンスの範囲と方向性とを、ある程度絞ったうえで、論理的思考を駆使することが重要となる。

インテリジェンスの世界では、創造的思考のことをヒューリスティック、論理的思考のことをアルゴリズムと呼んでいるが、この両者の併用が重要だということである。

この両方を用いることで、必要とされるインテリジェンスをずっと早く、効率的に作成することができるのだ。

第3章　未来予測のための情報分析ツール

未来予測の手順

私は、第2章で「未来予測は現状分析の上に築かれる」と述べた。このような両者の関係に加えて、先ほど述べたインテリジェンス・サイクルの個人レベルモデルを踏まえることで、未来予測は以下のような手順で行うのが最も効率的であると考えている。

すなわち、❶「問い」の設定→❷「枠組み」の設定→❸収集&整理→❹現状分析&未来予測→❺戦略判断のサイクルである。第2章で説明した「個人レベルモデル」（①「問い」の設定→②「枠組み」の設定→③収集&整理→④分析&作成→⑤配付&戦略判断）と基本的には同じ流れだが、本章では未来予測のための情報分析ツールの解説に重点を置くので、ここでは「収集&整理」の具体的な方法については特に言及しない。

それでは順番に説明していこう。

❶「問い」の設定

第2章で説明した「個々の情報分析者のインテリジェンス・サイクル」でも強調したように、情報分析は必ず「問い」の設定から始めるべきであり、未来に関する予測もその例外ではない。

未来予測のサイクル

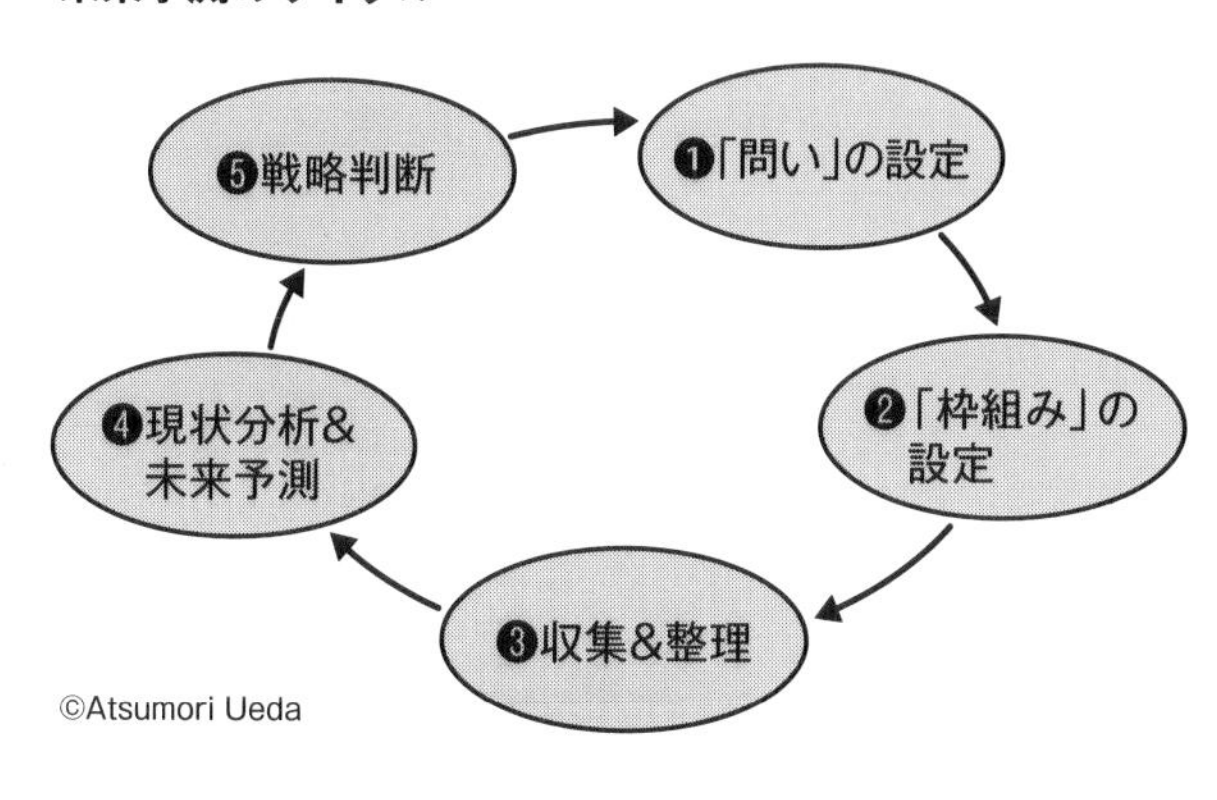

というのも、「問い」を設定しなければ「**キークエスチョン**」、つまり自分が「本当に知らなければならないこと」はいつまで経っても曖昧なままだし、同時にこの問いは、最終的なアウトプット、すなわちインテリジェンス・プロダクトの方向性をも規定するものでもあるからだ。

そして立てられるべきこの「問い」は、まず時系列によって「現在の問い」（ただしこれには過去から現在に至るまでの変化も含まれる）と「未来の問い」に分けられる。

次に内容的にYES／NOで答えられる問題なのか、それともYESやNOでは答えられない、たとえば「いつ、誰が、なぜ、どのように」などについて考える問題かに分類される。この場合、前者を「**クローズドクエスチョン**（CQ）」、後者を「**オープンクエスチョン**（OQ）」という。

ある「問い」から他の３つの「問い」が生まれる

	現在の「問い」	将来の「問い」
ＣＱ	類似商品Ａは売れているか?	**この新商品は売れるか?**
ＯＱ	どんな商品が売れているのか?	どんな商品が売れるか?

つまり「問い」は、合計で4種類あるというわけだが、実はこれは、あるひとつの「問い」を立てることができれば、それと同時に他の3つも生まれるものである。

この点を「この新商品は売れるか？」という「問い」を例に考えてみよう。この「問い」を立てるということは、その背後に、「この新商品とよく似た商品Aは売れているか？」「どんな商品が売れているのか？」といった「問い」（＝現在の「問い」）や「どんな商品が（これからは）売れるか？」といった別の「問い」（＝未来の「問い」）をも同時に存在させることになる。これを図式化すると、上の図のようになる。

もっともこういった複式的な「問い」は、自分が予測したい分野の現状（情報）をよく知っていて、それらの情報の関連性についてもある程度通じていなければ立てられない。よって未来予測を行うには、現状についての確かな知識と、これらの「問い」のカテゴリー間を自在に行き来できるだけの発想力も必要になるのである。

なぜ4つの「問い」を立てることが必要なのだろうか。

先述のとおり、まず、すべての情報分析は現状を見ることから始まる。その際、焦点を絞って見る、視野を広げて見ることが重要になる。この両方の見方を支えるのがCQとOQなのである。

次に、現状分析における2つの見方を未来予測に適用するわけだから、CQ、OQそれぞれに現在の「問い」から未来の「問い」が派生する。

逆に未来の「問い」から考えていく場合は、いったん現在の「問い」に戻すことが大切になる。未来予測は現状分析の上に築かれるものだからだ。

ようするに、最も知らなければならないキークエスチョンを設定するためには、4つの質問のディメンション(分析の軸)を縦横に行き来する思考法が必要になってくるのだ。この点は何度強調してもいいぐらい大事なことである。

❷「枠組み」の設定

「枠組み」の設定については、個人レベルモデルの情報分析のところでも簡単に述べた。アウトプット（結論）を意識したり、「問い」を分解（ブレークダウン）するなどして、「問い」を解くために必要な情報の「枠組み」を設定する作業である。ここでは簡単な事例で解説しよう。

たとえば、「Y国がD島に武力侵攻するか?」という「問い」に対し、「Y国が2030年に武力侵攻する蓋然性（がいぜんせい）は70%。その際、在沖縄A国軍は……しており、わが国は……」というような結論（プロダクトの概要）を意識し、最初の「問い」を「Y国が能動的に武力侵攻をする条件は何か?」「Y国がやむを得ず武力侵攻する条件は何か?」「Y国が好機をとらえて武力侵攻する条件は何か?」というように分解（ブレークダウン）し、「Y国の軍事力整備」「Y国の治安情勢」「D島の政治動向」「D島の民意」「X国のアジア政策」といった「枠組み」を案出、特定する。

こうした「枠組み」を設定することで、収集すべき情報の明確化、作業の効率化が図られることになる。

力』などをご参照いただきたい。

❸収集&整理

具体的な方法については拙著『戦略的インテリジェンス入門』『武器になる情報分析力』などをご参照いただきたい。

❹現状分析&未来予測

さて、ここからいよいよ未来予測の具体的な手法の数々を学んでいくことになるのだが、そもそも「未来予測」なるものが「現状分析」の延長線上にあるということは感覚的にも理解いただけることと思う。

現状分析は、すでに述べたように基礎分析と動態分析に分けられる。基礎分析とは、地理、歴史、政治、社会、経済、軍事などのトレンドを把握するために必要な「基礎インテリジェンス」を生成するための分析、そして動態分析は、現在進行形で起きている物事の分析に必要な「動態インテリジェンス」を生成するための分析であった。

このうちの基礎分析とは、言ってみれば「問い」を取りまく現在の環境を総体的に把握するということである。ゆえにこれを「環境認識」(Environmental Scanning)ともいう。

この基礎分析（環境認識）を行う理由、それは、未来予測をするには分析者自身が生きている時代ごとの**大きな潮流**（以下＝**メガトレンド**）が何であり、またその時代の流れがどのような環境・影響要因、すなわち**推進力**（以下＝**ドライビング・フォース**）によって形成されているのかを知っておく必要があるからだ。

未来は過去や現在の延長であり、当然ながら過去・現在・未来の間には連続性がある。そして未来に起こる事象は、必ず複数のメガトレンドが底流となり、そして複数のドライビング・フォースによって時に大きく変化しながら、発生していくのである。

もっとも「現在のトレンド」なるものはきわめて複雑怪奇な代物だ。ＩＣＴ（情報通信技術）の発達により、今や企業は国境に縛られない存在になっているし、その企業の未来の業績だって、ボーダレスな空間を飛び交うヒト・モノ・カネ・情報によって支配されている。現在進行形で急激な進歩を続けるテクノロジーや流動的な国際情勢にも気を配らなければいけないし、そうした個々のファクターの関連についても多面的・多角的に把握する必要がある。

したがってある企業が適切なマーケティング戦略を立てようとすれば、まずは自社の外部環境、つまり「自分たちの会社を取り巻いている環境が今どのような変化を遂げつつあるのか？」そして「その変化を招いているトレンドは何なのか？」ということの考察から始めなくてはいけないだろう。

一方で動態分析は、いま現在起きている特定の事象についての個別具体的な分析であるので、その事象に「どのような特徴があるか?」「なぜ起きているか?」などを的確に評価するためには、情報を他の情報と突き合わせて比較・相対化するか、そうでなければある特定の事象とその他の事象との相関関係や因果関係などを明らかにしなければならない。

そしてこのことが、しばしば特定の事象の未来展開を予測することになる。

情報分析では仮説を立て、証拠を集め、それを論証(検証)していく作業が重要であることを第2章で解説したが、この「仮説の立案・証拠・論証」は他のすべての情報分析と同様、未来予測においても基本である。

❺戦略判断

国家安全保障の情報分析にあっては、情報分析者の仕事はあくまで戦略判断を行う人物(たとえば大統領、総理大臣)のためにインテリジェンスを提供することであり、情報分析者が戦略判断まで行うケースはかなり稀である。一方でビジネスの世界においては、情報を分析し、インテリジェンスを作成する立場にいる人間が、それを元にして自分自身で経営戦略の立案まで行うというケースもあるだろう。

不確実な未来に対し戦略的に対応するためには、基礎分析（環境認識）、戦略立案、戦略実行というサイクルを迅速に回す必要がある。

そのため、起こり得る複数の未来のシナリオ、つまり「未来における現在進行形の複数の物語」を作成し、それを環境の変化に応じて絶えず修正し、それぞれに対する戦略を策定（シナリオ作成及び戦略策定）し、シナリオの修正に応じてまた戦略も修正する姿勢を重んじるべきである。

以上の❶〜❺が、未来予測をする上で私が最適と考える手順モデルである。

未来を予測するための9つの分析手法

およそ分析手法というものは、情報機関によれば３００以上あるとされる。ただし、未来を予測するために有効な思考と分析の手法は、いま述べた未来予測の手順モデル、さらに分析者としての私自身の経験も加味しながら厳選すると、次ページの図に記した、1〜9の手法に絞られる。これら９つが、未来を予測するための有力な武器（ツール）となる。

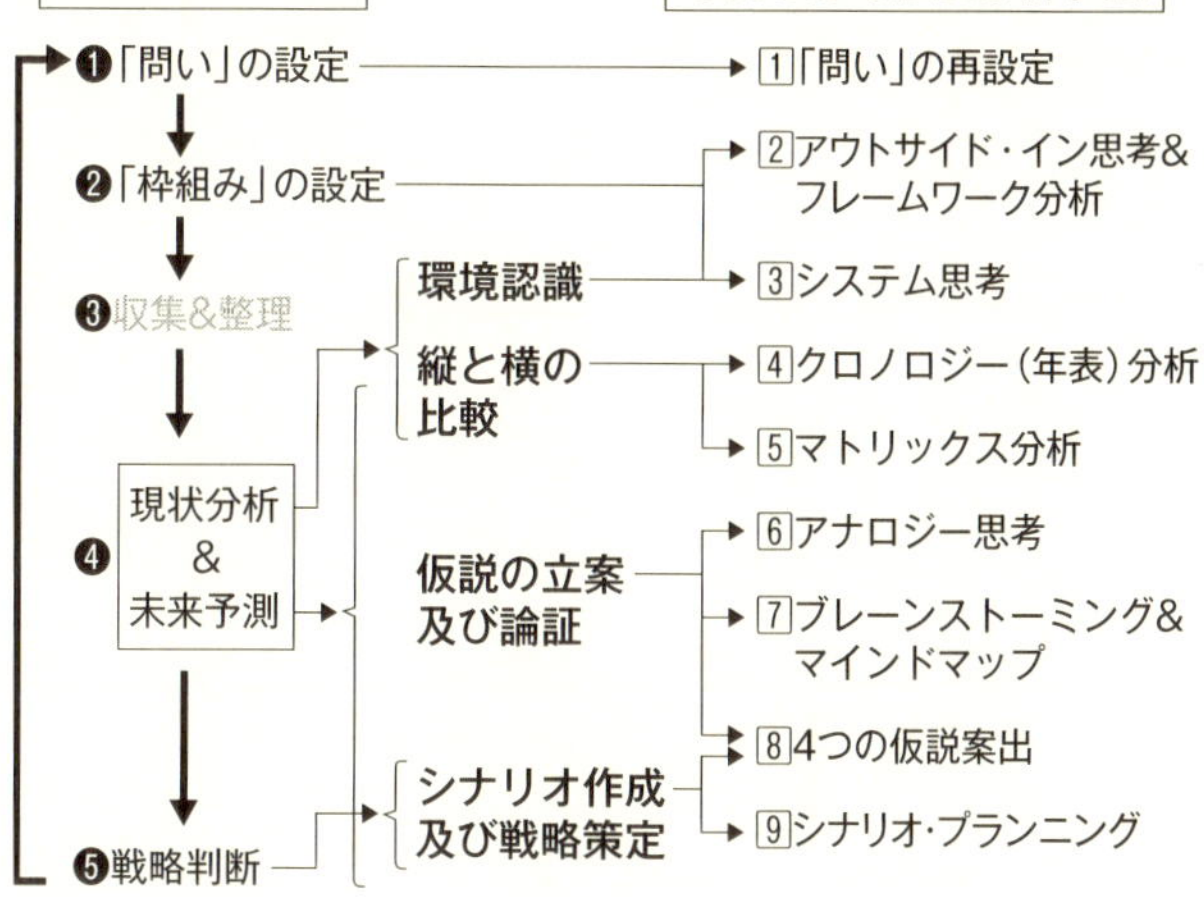

それではこの1から9の手法について、以下順番に説明していくことにしよう。

1「問い」の再設定

自分自身の思考に多角的な視点を持ち込み、論点を明確にしていく

すでに何度か述べたように、未来予測は必ず「問い」を設定する作業から始まる。とはいうものの、ある事象、たとえばライバル企業の動向に関して「問い」を立てるといっても、その企業についてまだ多くの情報を持ちえず、分析もほとんどできていない状態で立てられる「問い」となると、実際には「A社について知りたい」とかない。

「B社は今どうなっている?」といったかなり漠然とした疑問になってしまうのは仕方が

したがって、情報収集や分析がある程度進んだならば、その段階で最初の「問い」を異なった視点から見直し、別の「問い」に置き換えることも必要になる。これが『問い』の再設定」である。

「問い」を再設定することとは、分析者自身、あるいは分析者が作成するインテリジェンスを必要とするカスタマーが、論点つまり「本当に知らなければならない点」を明確にすることができるという意味できわめて有効だ。

適切な回答は、論点(問い)が明確でなければ出すことはできない。だが、仮にこの論点があやふやなまま分析を始めざるを得ない場合も、途中でこの「問い」の再設定を行うことで、軌道修正ができるようになる。

聞くところではビジネスコンサルティングの世界でも、コンサルタントがクライアントから与えられる「問い」が途中で変化することはあるようだ。これもまた、クライアントの側が自分が本当に知るべきことを、初期の段階では把握し難いからこそ起こることであろう。

これを具体的なモデルケースを想定して考えてみよう。たとえばあなたが経営コンサルタントであったとして、顧客である某メーカーから、現在売れている他社商品の特性を調べ、さらにその特徴を盛り込んだ新商品（類似商品）の企画を命じられたとする。だが、仮にこの調査を進めるうちに、今売れているライバル社の商品が、何らかの事情によりクライアント企業には作れないと判明したらどうだろうか？　あなたとしては、その結論は結論でクライアントに報告する義務があるが、それを報告することでクライアントががっかりする顔も目に浮かぶことだろう。

そこであなたは、ここでクライアントの立場に立って「クライアントが達成しなければならないことは何か？」をあらためて考えてみることにする。つまり「問い」の再設定を試みるというわけだ。

するとあなたはこのクライアントとの過去のコミュニケーションを振り返るうちに、「新製品の開発」は彼にとって絶対に必要な課題でも、クライアント自身の欲するものでもない、ということに思い至るかもしれない。クライアントが新商品の開発を思い立ったのは現有商品の売り上げが落ちているからであって、この現有商品の売り上げが以前並みに回復するのであれば、多大なコストを掛けてまで新商品を開発する必要はないのでは、という点に気づいたのだ。

そこであなたは、ライバル社の商品を参考にした新商品の開発は不可能という報告書をまとめる一方で、「ライバル社の商品に似た類似商品を作れるか？」という最初の「問い」を「既存商品のポテンシャルをフルに発揮して売り上げを回復するための方策はないか？」という別の「問い」に再設定することにし、そのためのPR策や販路開拓の方法などをリストアップした別の報告書も添付する。そして実際にクライアントにその2つの報告書を読んでもらったところ、クライアントも後者に深く感じ入り、「あなたのこの提言を、さらに深めるレポートを書いてほしい」と依頼される——。

これはあくまで架空のモデルケースでしかないが、いずれにしてもこうしたコミュニケーションなどを通じて、論点を明確にする手法が「問い」の再設定なのである。

「問い」の再設定を行うには、複数のメンバーでグループディスカッションを行うことで、グループ内に新たな視点を導入する「ブレーンストーミング」（集団発想法）が有効だが、再設定のバリエーションの型をいくつか覚えておけば、ひとりでも集団での討議と同じプロセスを経ることは不可能ではない。

以下に示すのは、米情報機関DIA（国防情報局）による「問い」の再設定の仕方の実例だ。この実例で「当初の問い」に設定されているのは「中国はイランに弾道ミサイルを売っているのか？」というものだが、それを以下のようなやり方で視点を切り替えることで、「問い」の再設定を行っている。

（1）言い換え：イランは中国から弾道ミサイルを買っているか？

（2）180度回転：中国はイランに弾道ミサイルを売っているだけでなく、逆にイランから弾道ミサイルを買っていないか？

（3）焦点の拡大：中国・イランの間に戦略的協調関係は存在するのか？

（4）焦点の集約：中国はイランにいかなる種類のミサイルを売っているのか？

（5）焦点の変換：イランが中国のミサイルを欲しがる理由は何か？　イランは購入したミサイルの支払いを、どのように行っているのか？

（6）理由の追究：

「中国はなぜイランにミサイルを売却するのか？」↓「イランに影響力を及ぼしたいからだ」

「それはなぜか？」↓「中国は湾岸地域における米国の権益を脅かしたいからだ」

「それはなぜか？」↓「米国のアジア地域に集中する力を減殺したいからだ」

「それはなぜか？」↓「中国は台湾統一のためにアジアにおける行動の自由を狙っているからだ」……

この作業を繰り返すことで、「中国はイランに弾道ミサイルを売っているのか?」という最初の素朴な問いは、「中国は台湾正面への大戦略の一環として軍装備を中東に拡散している可能性はないか?」という、数段洗練された問いへと再設定が可能になる。

これらの手法は発想の転換を強制的に行うための強制発想法の一つになるのだが、なかでも6番目の「理由の追究」は現実の「問い」を未来の「問い」に転換するのに有効だ。おそらくこれ単体でもビジネスで役に立つ場面は多いだろう。

たとえば、現在の商品Aが売れており、当初の問いが「商品Aは売れているか?」であり、調べた結果、「売れている」ことがわかったとしよう。ここから「理由の追究」を繰り返していくのである。

「商品Aが売れているのはなぜか?」→「若い女性が中心にたくさん買っているからだ」
「なぜ若い女性は商品Aを好むのか?」→「商品Aは安価で利便性があるからだ」
「商品Aのほかにも安くて利便性がある商品はあるのに、なぜ若い女性は商品Aに執着するのか?」→「人気タレントを起用した、インパクトのある広告が消費者を惹きつけているからだ」——。

そこで問題は以下のように再設定される。「商品Aよりも安い商品Bでも、魅力のある広告展開をすればヒット商品になりうるか？」――。

いずれにしても「問い」の再設定を行う上では、想像力（創造力）を駆使し、発想の転換を行うことがとても重要である。前述した「4つの問い」などを使い、問いを続けていくことで、より深く、自分の知りたい事柄に近い分析を行うことが可能になる。

2 アウトサイド・イン思考&フレームワーク分析

「枠組み」の設定や現状分析に効果的。未来予測で仮説を案出するにも最適のツール

我々を取り巻く「環境」は、大きくは外部環境と内部環境に分けることができる。外部環境はマクロ環境ともいい、世界的な潮流ないしは社会全体を指す。これに対して内部環境は、業界内部の環境や自社の環境のことなどである。「現状を認識する」とは、この外部環境と内部環境を正確に把握するということにほかならない。

自社の戦略や戦術を立てるにあたって、まずは大きな外部環境に着目してから、徐々に内部環境を分析していくような思考法を「アウトサイド・イン思考」もしくは「アウトサイド・イン分析」という。まず最も大きな単位である世界について考え、それから少しずつ業界内部や競合他社、自社の能力といった身近な内部環境に着目していき、最後に自社

の戦略・戦術などへの影響を考えていく思考法である。

なぜこうした思考法が重要かといえば、外部環境、すなわち世界のメガトレンドが内部環境を変化させることは往々にしてあるのに対して、その逆のパターンというのは、通常は起こりにくいからだ。

アウトサイド・イン思考がいかに大事かを示すエピソードに、世界最大の写真用品メーカーであったコダックの例がある。同社は世界で最初にロールフィルムやカラーフィルムを開発したようにアナログフィルムのイメージが強い会社だが、実は1975年に早くも世界初のデジタルカメラを開発していたという事実が示すように、実はデジタル写真に関してもきわめて高い技術力を有するメーカーだった。だがコダックの上層部は、自社に巨大な成功をもたらしたアナログ写真の需要を過信するあまり、自社のデジタル技術を市場に売り込む努力を怠った（つまり、外からの思考を行わなかった）。その結果としてコダックはデジタル化の波に乗り遅れ、2012年に倒産してしまう。

そしてこのアウトサイド・イン思考とよく併用される分析法にフレームワーク分析がある。フレームワークとは「発想の枠組み」を指す。現状分析における基礎分析（環境認識）では、この2つを併用すると分かりやすくなる。

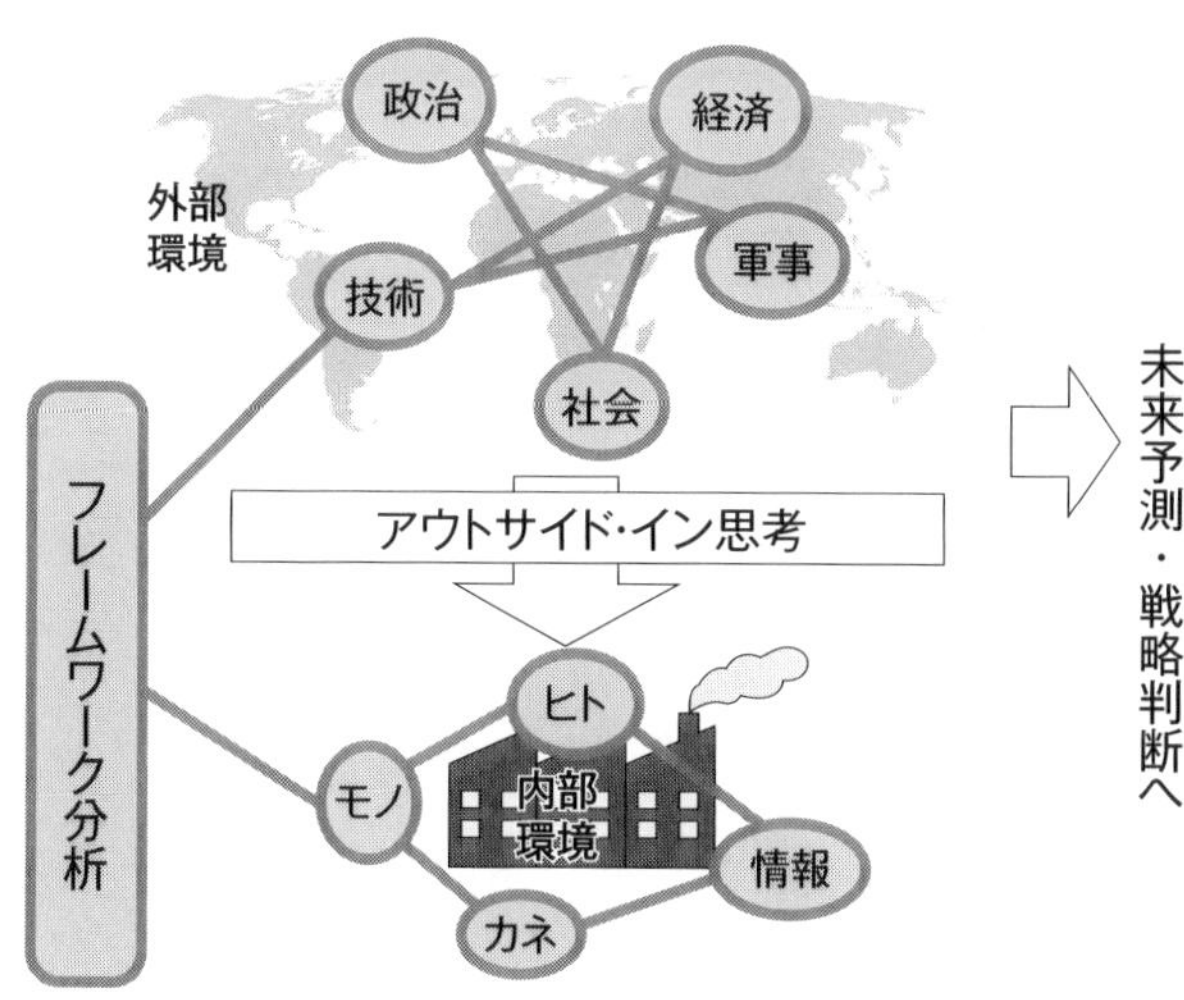

外部環境→内部環境へと絞っていく
©Atsumori Ueda

そもそも分析とは、「ある何かを、いくつかのより細かい要素に分ける」という作業にほかならない。物事や現象は必ずそれよりも小さいいくつかの要素から成り立っているから、その属性や特性を浮き彫りにするために構成要素に分けていくわけだ。

しかし、この時にただ闇雲に分けるだけでは意味はなく、分けた後にアイデアが出しやすくなるように、強制的に発想の枠組み、つまりフレームワークを設ける必要がある。これが強制発想法の一つであるフレームワーク分析である。

また、構成要素を「お互いに重複

今日のビジネスにおける孫子のフレームワーク

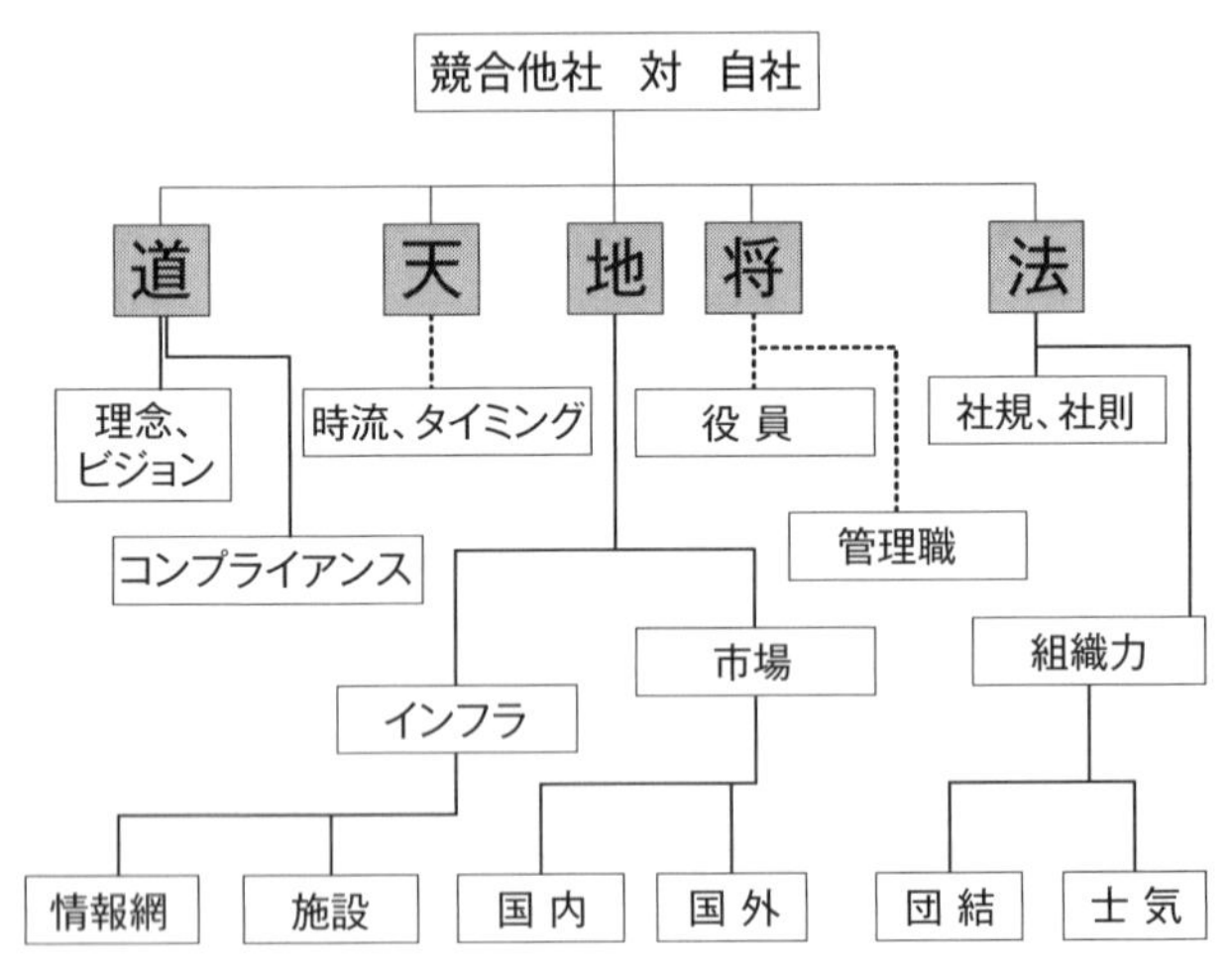

©Atsumori Ueda

せず、全体に洩れがない」ように分ける思考法を「MECE」（ミッシー＝Mutually Exclusive and Collectively Exhaustive）という。フレームワークとは、このミッシーな思考を行うために体系化されたものでもある。

たとえば孫子の兵法で知られる中国・春秋時代の兵法家・孫武は、敵と我を見るうえで「道、天、地、将、法」という5つのフレームワークを設定した。このように物事の本質を見極めるために構成要素に分解するという作業は古代から行われてきたことでもある。なお、道、天、地、将、法はそれぞれ日本語に訳すなら「大義」「時宜（じぎ）」「地の利」「指揮官の能力」「規律」ということになり、これをさらに今日のビジネスにおいては右ページの図のように変換できるだろう。

さて今日の社会では、以下のようなものが主要なフレームワークとして知られている。ビジネスにおいて外部環境を分析するためのフレームワークが「ＰＥＳＴ」である。これは政治（Politics）、経済（Economy）、社会（Society）、技術（Technology）の頭文字をつなげたもので、最近は、社会の中に含まれる環境（Ecology）を分岐させて「ＳＥＰＴＥｍｂｅｒ」（Society＋Economy＋Politics＋Technology＋Ecology＝セプテンバー）と呼ぶことが多い。

他方、内部環境を分析するためのフレームワークには市場・顧客（Customer）、競合他社（Competitor）、自社（Company）の「３Ｃ」、さらにこの３Ｃに集客のための媒体、流通（Channel）を加えた「４Ｃ」、そして製品（Product）、価格（Price）、販路（Place）、販促（Promotion）から成る「４Ｐ」などがある。

「競合分析」（Competitive Intelligence＝ＣＩ）の創始者であるアメリカの経営学者マイケル・ポーターは、自社を業界のなかに位置づけるために業界内部の環境要因を、「新規参入業者の脅威」「代替品の脅威」「買い手の交渉力」「売り手の交渉力」「既存競合他社」という5つの要素にわけて分析する「5フォース」を提唱した。なおポーターは、この5つのうち最初の2つの脅威を外的要因、後の3つを内的要因に分類してもいる。

国家安全保障の領域では、社会（Social）、技術（Technological）、環境（Environmental）、軍事（Military）、政治（Political）、法律（Legal）、経済（Economic）、安全（Security）の8つの枠組みを想定する「ＳＴＥＭＰＬＥＳ」や、政治（Political）、軍事（Military）、経済（Economic）、社会（Social）、インフラ（Infrastructure）、情報（Informational）の「ＰＭＥＳＩＩ」、さらに外交（Diplomatic）、情報（Informational）、軍事（Military）、経済（Economic）を想定する「ＤＩＭＥ」などがフレームワークとしてよく活用される。

ただ、こうしたフレームワークの項目を覚えるだけでは大した意味はなく、それぞれのフレームが具体的に何を表しているかもしっかり理解しておく必要がある。たとえばＰＥＳＴは次ページの内容へとさらに細分化できるが、この細部化の方法も画一化できるようなものではない。自らを取り巻く環境や「問い」によって、常に内容の部分修正が必要となる。

アウトサイド・イン思考&フレームワーク分析

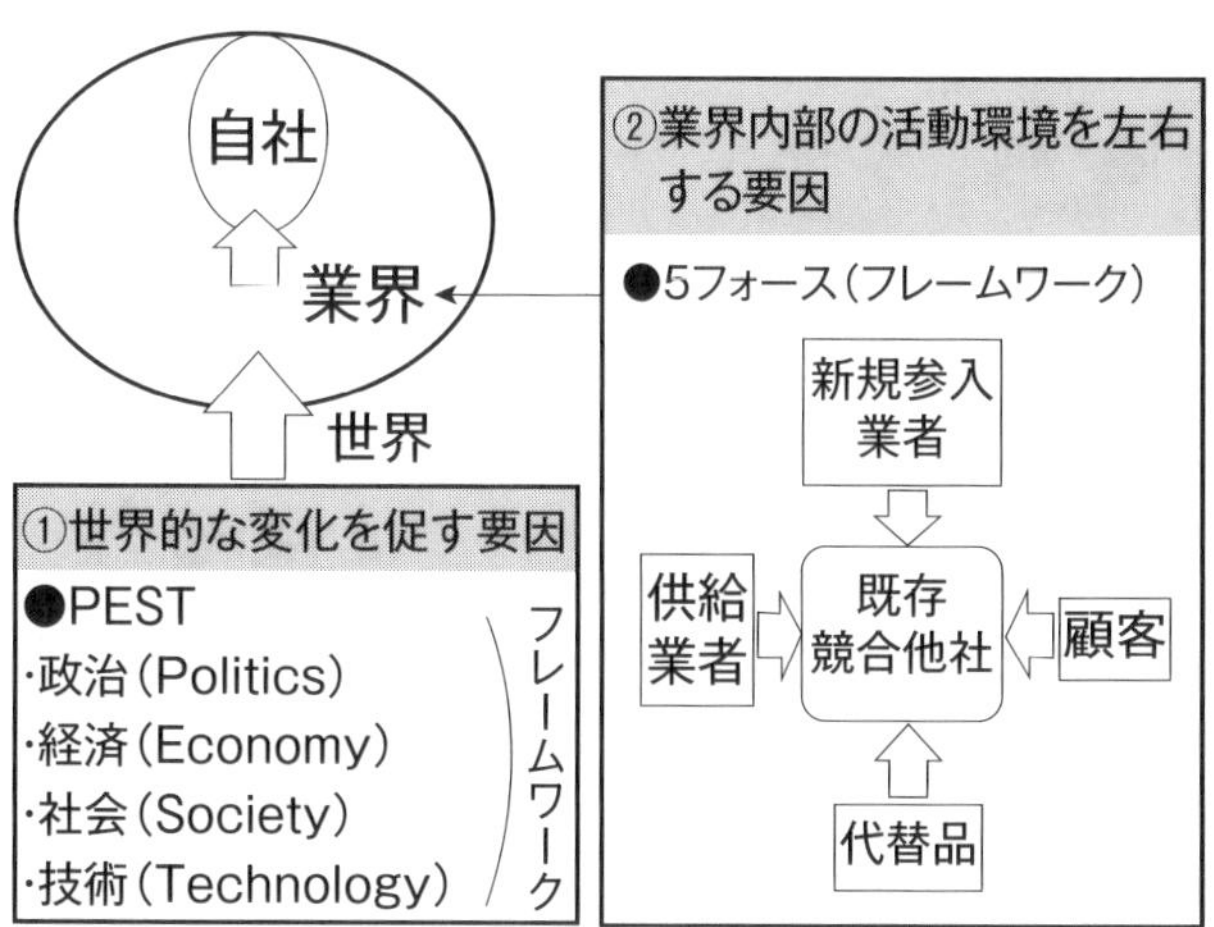

◇**政治(Politics)** 国際政治、法規制の強化・緩和、法改正、行政環境、政府の助成など

◇**経済(Economy)** 経済システム、景気・賃金動向、株価・為替・金利、消費動向、雇用情勢、経済成長率など

◇**社会(Society)** 人口動態、文化、流行・世論、ライフスタイル、自然環境、治安、宗教・言語・教育など

◇**技術(Technology)** 技術革新、代替・新技術、開発、特許、ビッグデータなど

3 システム思考

事象と事象の相関関係・因果関係を明らかにし、未来予測やシナリオ・プランニングのための推進力（ドライビング・フォース）を特定する

基礎分析（環境認識）によりトレンドや環境要因の洗い出しが終わった後は、それらの相関関係や因果関係を構造（システム）的に捉えることが必要になる。これを行うための思考法が、「システム思考」だ。システム思考とは、複雑な状況下にある様々な要因のつながりを一段高い視点から見ることで、そこにどのような因果関係やメカニズムがあるかを考え、物事の全体の構造を図式化して捉える思考法である。

ここで注意しておいてもらいたいのは、相関関係と因果関係は異なるものだということだ。

「AとBは相関関係にある」という場合、これは「AとBには〝何らかの〟関係がある」ことを意味するにすぎない。だがこれが因果関係になると一般に、「Aという原因があり、その結果Bが生じる」など、原因と結果の前後関係が明らかな関係を指すのである。

未来予測は相関関係を見るだけでもできないわけではない。たとえば「コウノトリの繁

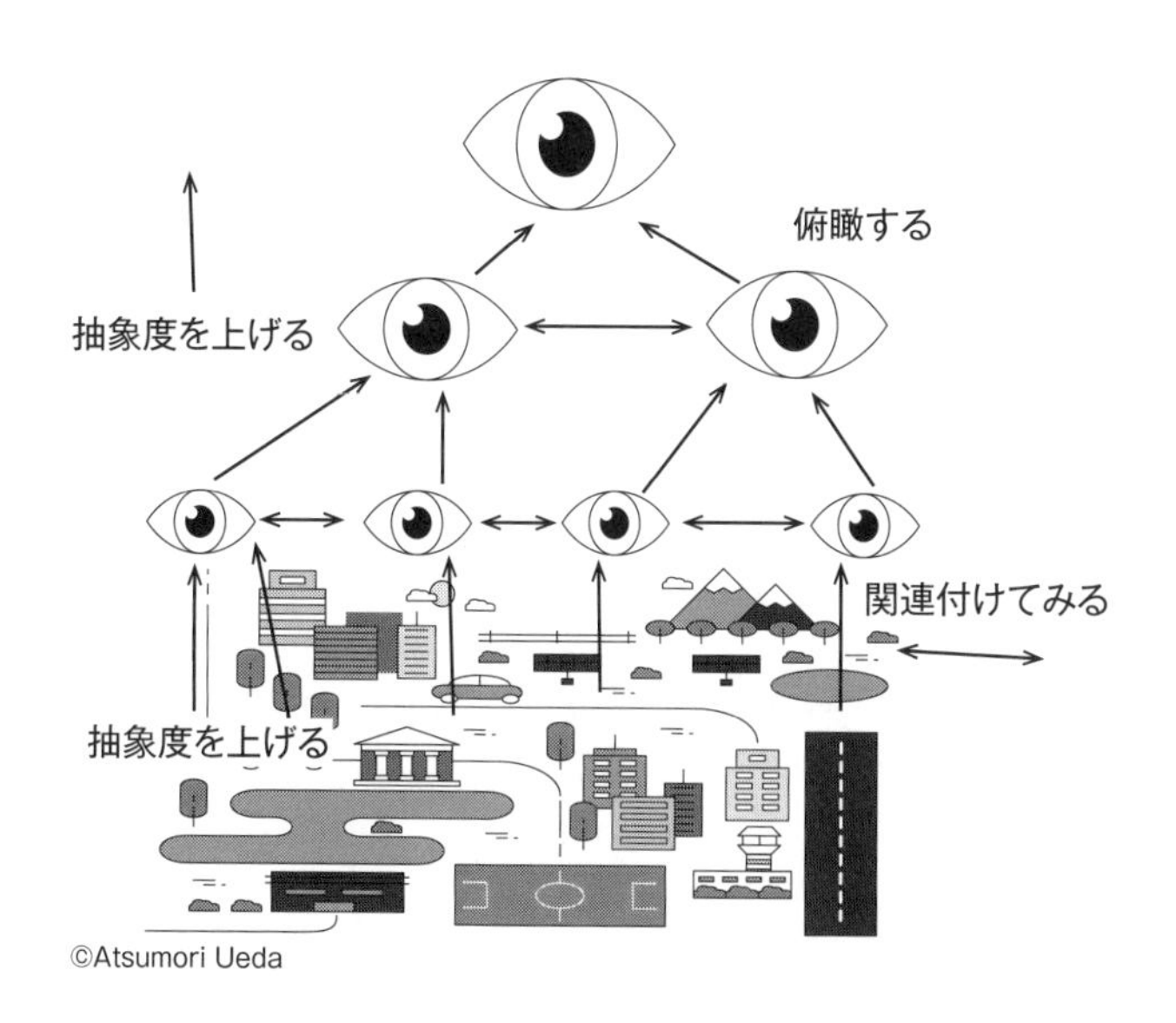

殖数が低下すると、その年の人間の出生率も低下する」というのは、古くからよく使われる相関関係に着目した未来予測の事例だ（都市伝説的に聞こえる話であるが、実際に両者の統計を調べたところ正の相関関係が見られたという研究もある）。最近では「おむつが売れればビールも売れる」もよく引用される相関関係である。

こうした「相関関係をもとにした未来予測」の究極の形態が、巨大なデータベースからAIが有用な情報を抽出することで可能にした「データマイニング」と呼ばれる技術体系だろう。この手法では、天文学的な量のビッグデータの中に紛れ込んでいるために人間では見つけ出すことはできない相関関係をＡＩが見つけ出し、アルゴリズムにより明らかにすることで未来を予測する。

相関関係を考察する目的の一つは因果関係を見つけ出すことにある。因果関係が分かれば、現在起こっていることを原因あるいは兆候として捉え、未来に起こる結果を予測できる。因果関係が明確にできれば、相関関係の明確化に比して未来予測の確度を格段に高めることができるのである。

相関関係から因果関係を立証するための手法は以下のとおりである。

（1）相関関係にありそうな事象をアトランダムに列挙する。
（2）列挙した事象のなかから、原因が先で結果が後であるという時系列的な関係がある事象に着目する。
（3）その関係には別の原因が存在していないことを証明する。つまり後述する「疑似相関」でないことを証明する。

この際、相関関係にあるAとBという2つの事象が、

1「AがBを引き起こした」
2「BがAを引き起こした」
3「CがAとBを引き起こした」
4「AとBとの関係は単なる偶然である」

という4つの関係のどれに当てはまるのかを慎重に検討しなくてはいけない。

特に注意しなくてはいけないのは、3「CがAとBを引き起こした」であり、これが疑似相関である。

これをもう少し具体的な例で説明すると、アイスクリームの売り上げとエアコンの売り上げが連動しているかといえば、間違いなく連動はしているだろう。だがそれは、アイスクリームの売り上げがクーラーの売り上げを押し上げているわけではなく、夏の暑さという別の要因が関係してそうなっているに過ぎない。疑似相関とはこうした、別の要素が仲介することで結果的に相関関係を結んでしまう関係のことを言う。

先に述べた「コウノトリと出生率」「おむつとビール」なども疑似相関であり、これらが相関するのは他に別の原因が存在しているからである。したがって疑似相関ではこの「別の原因」を追究することが必要となり、それを突き止められれば未来予測の重要な鍵となる。

システム思考では、複雑な事象や要因の相互関係を体系的にとらえるためにこれらを図式化する努力が要求され、こうして図式化されたものを一般的に構造図という。

構造図を活用した分化手法には氷山図、人物の個人的関係を図式化したリンクチャート、関連樹木図、ロジックツリー、ループ図、要因相関図、あるいは後述するマインドマップなど様々なバリエーションがある。これらの構造図も順番に見ていくことにしよう。

氷山図

よく政財界の不祥事を報じる記事などで「氷山の一角」などと言うことがあるが、これは表面化したものが全体のごく一部にすぎず、目に見えない部分にはその何倍もの不祥事が隠されている、という意味で使う慣用句である。氷山図はこれと同じ発想で、ひとつの現象を肉眼で見える部分よりはるかに巨大な氷の塊が海中に隠れている氷山にたとえたものである。

氷山図では、目に見えるある事象（現象）の背後には、目にこそ見えないがその現象を生起させているトレンドやパターンがあり、さらにその下には構造があるという前提で事

氷山図

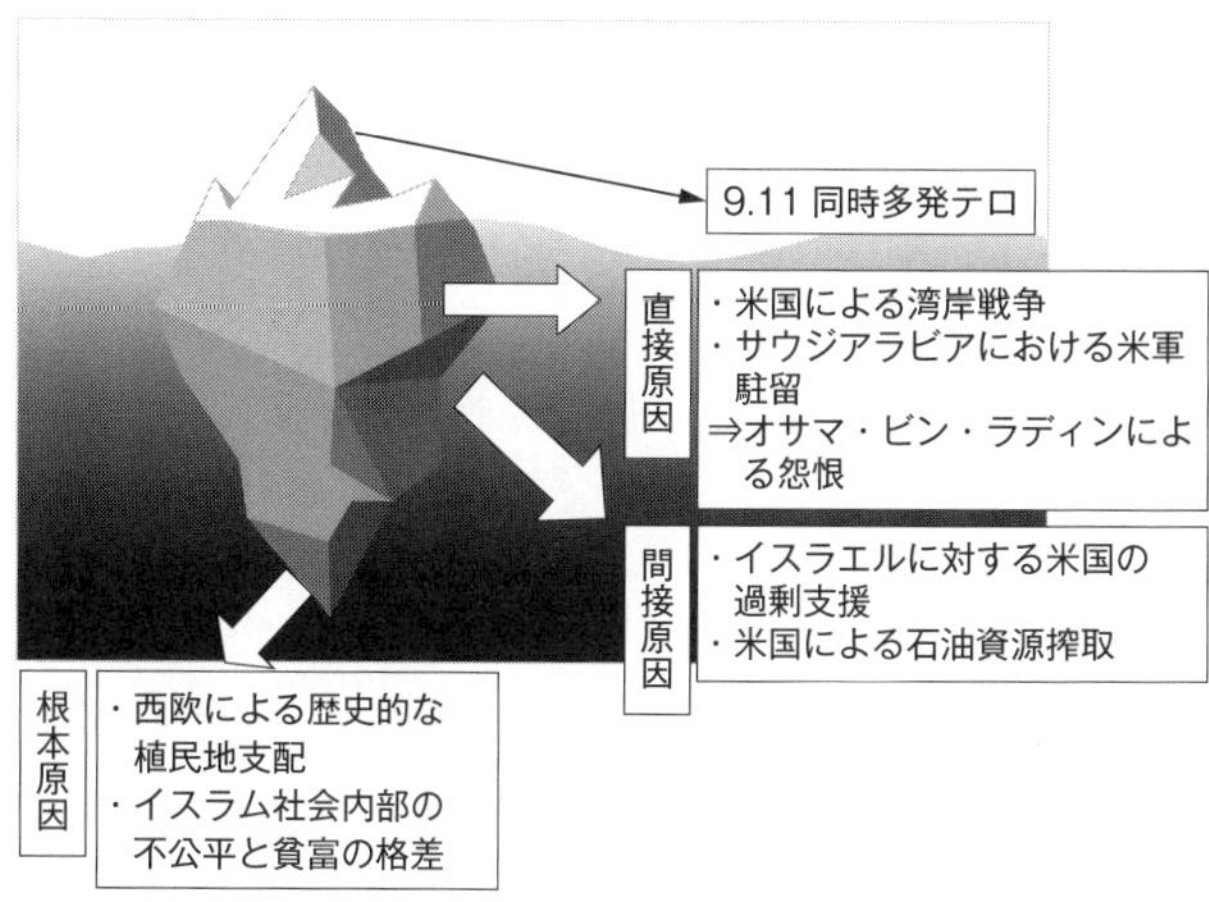

©Atsumori Ueda

象の背後を考えるときに使用する。

未来予測では、現象の背後にあるトレンドやパターン、さらには構造までを「深掘り」する作業が重要である。つまり、現象が何の脈絡もなく単独で起こっているのではなく、ある事象が他の事象の原因となっているという具合に、事象は相互に関連し合っていると推測するのである。

こうした手法を氷山（アイスバーグ）分析といい、心理学でよく用いられる手法であるが安全保障における分析でも適用できる。上に示したのは、氷山分析を活用した9・11同時多発テロの分析である。

一般にこの事件は湾岸戦争やサウジア

関連樹木図

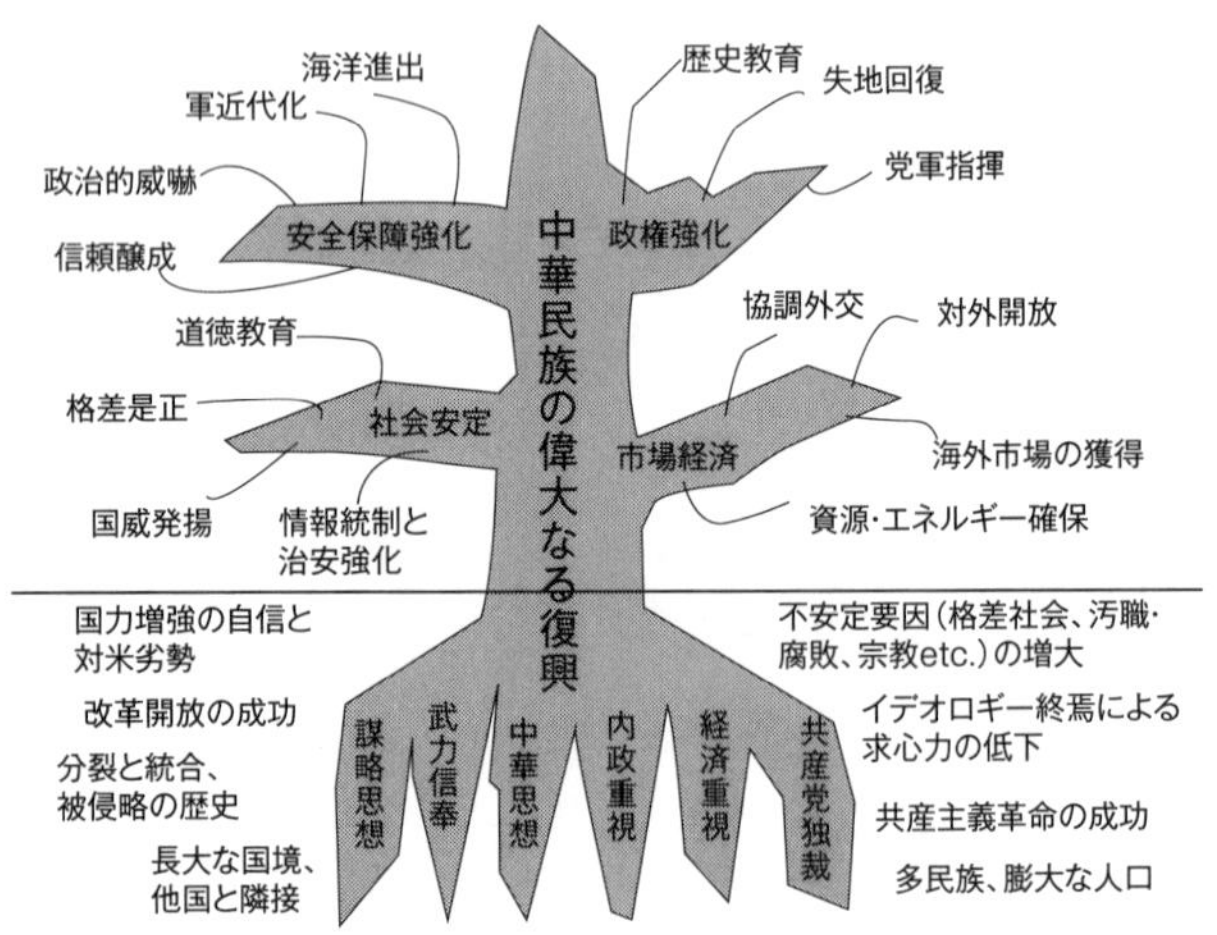

©Atsumori Ueda

ラビアへの米軍駐留に起因するオサマ・ビン・ラディンの怨恨が直接原因と言われるが、間接原因としては米国によるイスラエルへの過剰な支援、あるいは米国による石油資源の搾取（さくしゅ）があるとされる。さらに深掘りすれば、西欧による植民地支配の歴史や、イスラム社会内部の不公平や貧富の格差なども根本原因として考えられるだろう。

関連樹木図

上の図は中国の現在の政治状況について、同国で起きている様々な事象の相関関係を関連樹木図で示したものである。関連樹木図は、基本的には氷山

ロジックツリー

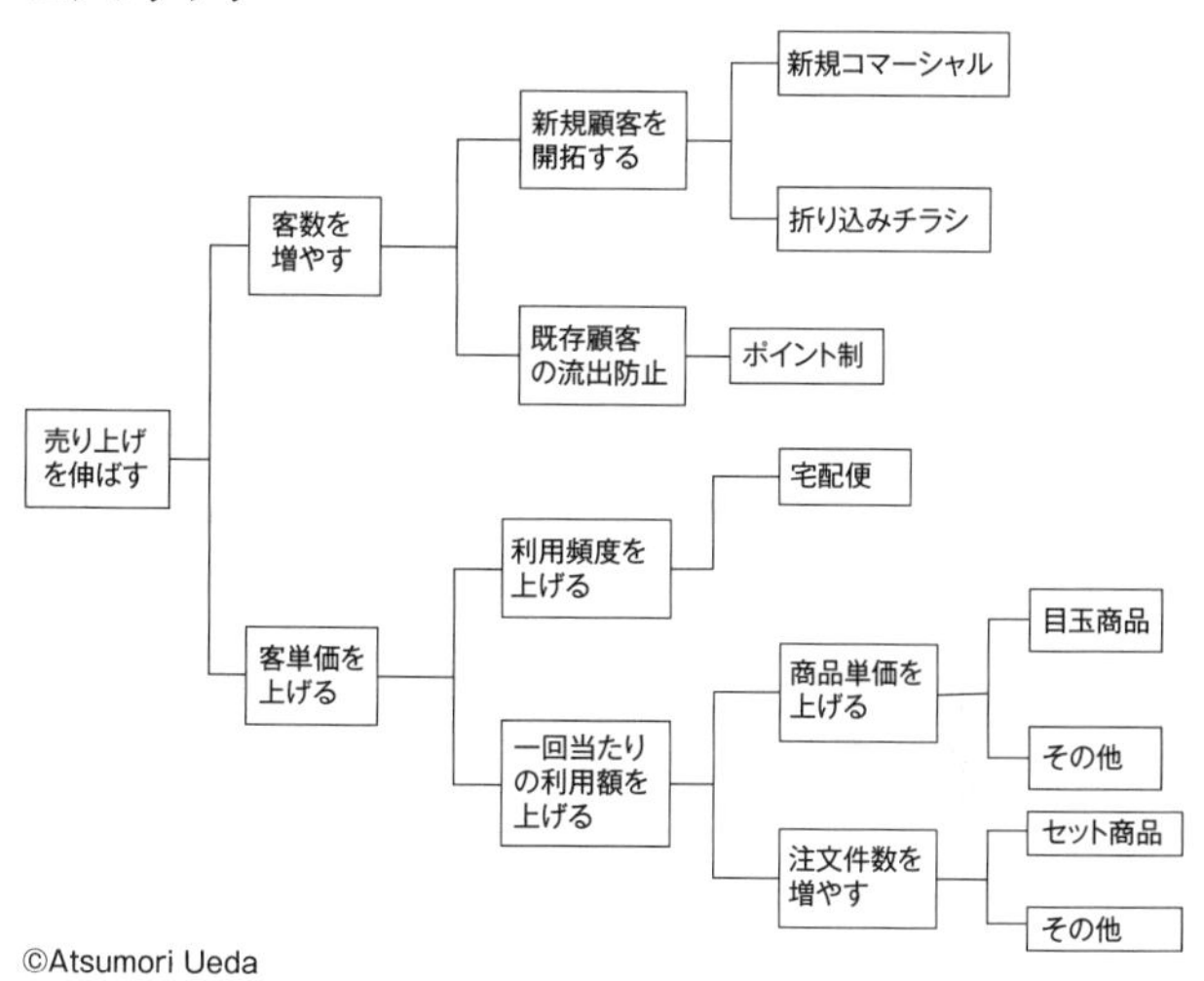

©Atsumori Ueda

分析の応用版であるが、構造をより体系的に捉えようとするならこちらのほうが向いている。樹木の枝・葉を作成する際には、後述するブレーンストーミング＆マインドマップが用いられる。

ロジックツリー

システム思考に基づく分析手法の代表がロジックツリー、別名イシューツリーである。

上に示したのは、ある飲食店の店主が「売り上げを伸ばすために何をすべきか」という「問い」を立て、その「問い」をロジックツリーの形式で発

ループ図

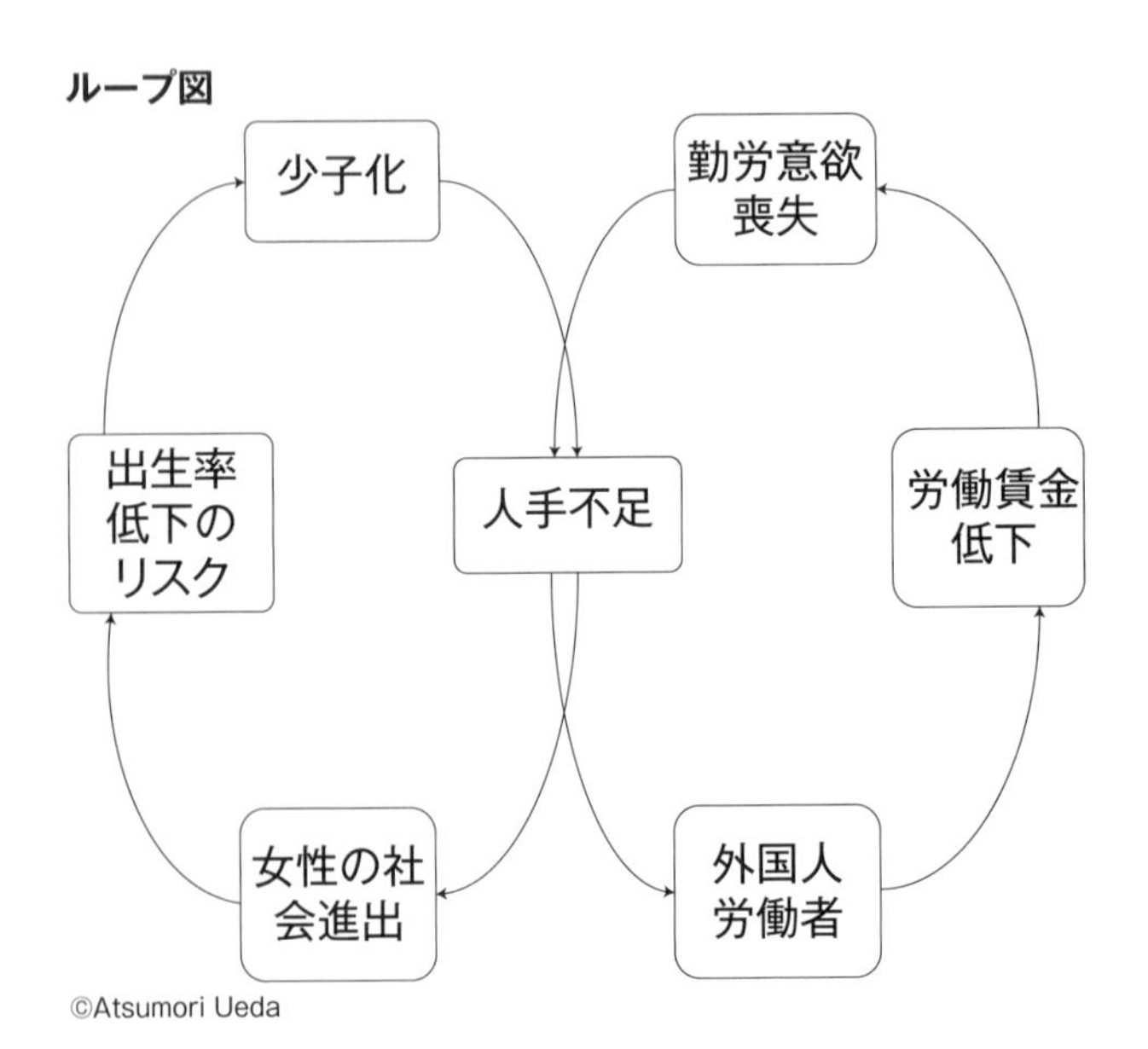

展させていったものだ。

「売り上げを伸ばすために何をすべきか」という問いは、「客数を増やす」「客単価を上げる」という答えに枝分かれし、さらにその答えはさらにいくつかの答えに枝分かれする。その枝分かれの先に、売り上げを伸ばすためのより決定的なヒントが現れてくる。

ループ図

上に示したのは、「人手不足」という問題を起点としたループ図である。この図では、人手不足の解決策として「女性、もしくは外国人労働者の採用は人手不足解消に有効か？」という「問い」を設定し、それに対する答えを案出することで未来の予測を行っている。

人手不足対策としての女性活用は政府も現在打ち出していることである。だが、政府の政策が効果を発揮せぬままに女性の社会進出が拡大すれば、その結果として出生率が低下し、さらなる少子化を引き起こす可能性もある。

他方で、少子化による人手不足解決のために外国人労働者を受け入れたとしても、それが「３Ｋ」と呼ばれるような職場を中心に賃金の低下をもたらせば、やがて労働市場全体で労働者の勤労意欲を低下させることになり、人手不足に拍車をかけるという事態にもなりかねない。

また、外国人労働者の受け入れによって日本人との待遇格差が広がれば、これもまた外国人労働者たちの勤労意欲を低下させてしまい、彼らが二度と日本に来なくなる、というパターンも考えられる。

このように、その場しのぎの解決策を施したことが原因でかえって問題解決から遠ざかってしまうということもある。ループ図はこれを避けるため、つまり負の連鎖を断ち切るにはどうしたらよいかを考えるために描くものである。

要因相関図

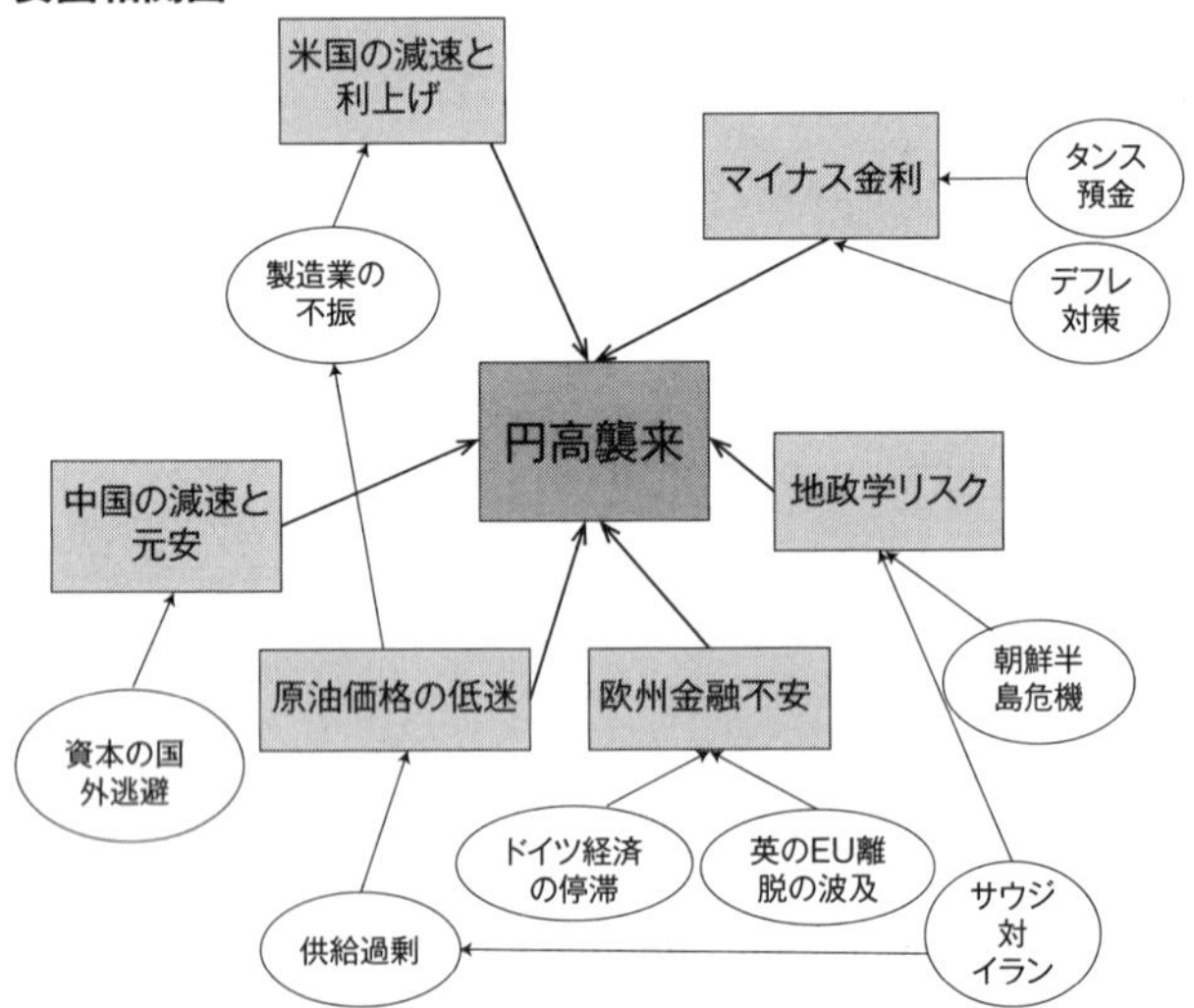

『週刊ダイヤモンド』(2016/2/27号)の特集記事「円高襲来!」の図を筆者が加筆・修整して作成

要因相関図

相関関係を分析しての未来予測は、相関関係にあるのが二者間に限られているならば比較的簡単にできる。だが現実の世界においては、2つどころか数十ものファクターが相関関係を形成している、というケースも珍しくはない。

このような場合、上の図に示したような要因相関図を作成して分析することになる。この図を描く時に重要なのは、フレームワーク分析を駆使して、要因を抽出・洗い出しすることである。

上の図では、わが国を円高に導

くと考えられる様々なファクターを抽出した上で、その相関関係を整理している。こうして各ファクターの関係をつなげることで、「円高襲来」という未来を予測する手がかりになる。

この相関図は『週刊ダイヤモンド』の特集記事を少々修整したものであるが、たとえばPESTをフレームワークとして用いれば、すでに提示されているサウジ対イラン（P＝政治）、金融（E＝経済）、タンス預金（S＝社会）、などの要素のほか、移民政策（S）、環境規制（S）、石油掘削技術（T＝科学）などの要因はどのように影響するかという発想が生まれる。また、相関図における技術要因（T）が不十分とみれば、中国通信機器大手・華為（ファーウェイ）の技術移転問題を想起し、技術移転問題→米中摩擦→円高という相関関係にも気付くかもしれない。このように、フレームワークという強制発想法を用いることで相関図はより精錬されていくのである。

4 クロノロジー分析

現状分析における「縦の比較」で使用される代表的な手法。過去から現在までのトレンドを把握し、特定事象の発生をもたらした影響要因や影響力を特定

私は、クロノロジー（年表）こそが情報分析の王道であると考えている。防衛省の情報分析官であった時は、クロノロジーの作成を「分析&作成」段階のスタートラインとしていた（拙著『戦略的インテリジェンス入門』）。

情報組織は一般にクロノロジーをデータとして保有しているが、そのままでは全く役に立たない。そこから「問い」や「枠組み」の設定に応じて、必要な箇所を抽出するという作業が必要となる。自らのセンスと経験で、クロノロジーを精錬していくのである。

以下に示すクロノロジー1は、私が公の資料から一つひとつ抽出・作成した「尖閣諸島・ガス田をめぐる経緯」である。私の専門分野の話になるが、クロノロジーについて示す好例だと思うので、どうかご容赦いただきたい。なお、紙幅の都合で一部を省略しているが、実際にはもっと精緻(せいち)なものを作成している。

クロノロジー1

1534年　中国の文献『冊封使録』に航海の目印（無人島）として尖閣諸島が登場。琉球は領土としては未記録。

1885年　日本政府は現地調査を実施し、諸外国の支配が及んでいないことを確認。

1895年　日本が閣議決定で尖閣諸島を沖縄県に編入。

1932年　個人に払い下げ（古賀氏が鰹節製造所を開き、最盛時には約250人が居住）。

1951年　「サンフランシスコ平和条約」締結。米国による信託統治が決定。
1968年　国連の経済委員会が「尖閣諸島周辺の大陸棚に石油埋蔵の可能性あり」と発表。
1971年　6月に台湾、12月に中国が尖閣諸島の領有権を主張。
1972年　5月に沖縄が日本に返還。9月　日中共同声明が調印。同声明に尖閣諸島に関する言及なし。
1978年　4月　機銃で武装した100隻を超える中国漁船が領海侵犯。8月　日中平和友好条約が締結。10月　鄧小平が「棚上げ論」を提案。
1992年　2月　中国「領海法」を採択し尖閣諸島の領有を明記。台湾国防部が与那国島および尖閣諸島上空に防空識別圏（ADIZ）を設定。
1996年　7月　日本は「国連海洋法条約」を締約。日本の政治結社が尖閣諸島の北小島に灯台を設置。9月　チャーター船で同諸島海域に侵入した香港活動家が水死。10月　台湾と香港の活動家が魚釣島に上陸。五星紅旗と青天白日満地紅旗を掲揚。
1997年5月　日本の新進党議員が魚釣島に上陸。中国外交部はこれに対し「主権侵犯」と激しく抗議。
1999年　中国、平湖ガス田で天然ガスの生産を開始。
2004年3月　中国人活動家が魚釣島に上陸。沖縄県警が身柄を拘束し、2日後に強制送還。6月　日本政府、中国が白樺（春暁）ガス田の本格開発に着手したことを確認。外交ルートを通じて即時中止を要求。
2005年7月　中川昭一経産大臣、帝国石油に試掘権を付与。中川大臣は農水大臣に異動、二階俊博が経産大臣に任命されるも、日本による試掘は頓挫。9月　中国、日中中間線から4キロの位置で樫（天外天）ガス田の生産を開始。10月　日中局長級会議で、日本政府が日中間をまたぐガス田の共同開発を提案。11月　中国、日中中間線から1・5キロの位置で白樺ガス田の生産を開始。
2008年6月　中国、白樺ガス田の共同開発相手として日本企業の参加も認めると伝達。日中両政府はガス田問題で合意。尖閣領海内で台湾漁船と海保巡視船が衝突し台湾漁船が沈没。乗員は全員救助。台湾側は尖閣諸島の主権を主張するとともに抗議船の出港を容認。巡視船9隻を派遣し領海に侵入。12月　中国国家海洋局所属の「海監」2隻が尖閣諸島領海内に初侵入。9時間以上にわたり周回などの航行を実施。中国外交部は「正常なパトロールであり、いつ派遣するかは中国側の自由である」と表明。
2009年1月　『産経新聞』が日中両政府の合意後も、中国が樫ガス田を単独開発している事実を公表。12月　中国が「島嶼保護法」を制定。尖閣諸島などの無人島はすべて国有地として、島嶼の開発を禁じ沿岸部の開発状況を国家が管理することを規定（2010年3月から施行）。
2010年3月　中国海軍は、沖縄、沖ノ鳥島近海で軍事訓練。艦載ヘリによる海上自衛隊護衛艦への異常接近行為、海自のP3C哨戒機に対して中国艦が速射砲の照準を合わせる行為などが生起。4月　海自のP3C哨戒機に速射砲の照準を合わせる行為が再び生起。5月　3日、中国の海洋調査船が日本の排他的経済水域内で調査中の海上保安庁測量船に接近し、調査の中止を要求する事態が発生。11日、中国、『2010年海洋発展報告』発表。海洋強国建設を国家戦略の柱に掲げ、東シナ海における主権、領有権の拡大と海洋権益の確保を強化する姿勢を強調。（以下略）9月　8日、尖閣諸島の領海内で、中国漁船が海保巡視船に衝突。（以下略）。

2012年1月　日本政府、樫ガス田の採掘施設から炎が出ているのを確認。人民日報が「釣魚島周辺の島に名前をつける企ては、中国の核心的利益を公然と損なうことだ」と報道。一部香港紙が「（中国政府は尖閣諸島を）核心的利益に位置づけた」と報じたことがあるが（2010年10月）、政府系メディアが尖閣諸島を「核心的利益」と表現するのは初めて。（以下略）10月　中国軍艦艇7隻が与那国島と西表島の間の接続水域を初めて通過。12月　尖閣諸島上空で中国国家海洋局所属のY－12が領空侵犯。

2013年1月　中国海軍フリゲート艦が海自護衛艦に対し、約3キロ離れたところから約3分にわたって射撃管制レーダー（FCレーダー）を照射。4月　中国外務省の華春瑩副報道官局長は、「釣魚島は中国の領土主権に関する問題であり、当然、中国の核心的利益に属する」と発言。中国政府が尖閣を「核心的利益」と初めて明言。7月　Y－8早期警戒機が宮古海峡上空を通過して西太平洋に進出。9月　中国のH－6爆撃機×2が沖縄本島と宮古島の間の上空を通過して太平洋まで往復飛行。10月　Y－8早期警戒機×2とH－6爆撃機×2が沖縄本島と宮古島の間を通過して太平洋まで往復飛行。11月　中国、尖閣諸島を含む東シナ海上空に防空識別圏（ADIZ）を設定。

2014年5月　中国のSu－27戦闘機×2が東シナ海上空で自衛隊のYS－11EB電子情報収集機に約30メートルまで接近。10月　赤サンゴの密漁を狙う中国漁船が小笠原沖に200隻以上出没。11月　日中首脳会談が開催（北京ＡＰＥＣ）。安倍総理が中国による東シナ海ガス田開発の海洋プラットフォーム増設に強く抗議。

２０１５年４月　日中首脳会談（インドネシアＡＰＥＣ）で、安倍総理が中国による東シナ海ガス田開発の海洋プラットフォーム増設に強く抗議。７月　日本政府、２０１３年６月以降に確認した12基を含む施設計16基の写真を公開。10月　中国外務部、日本側のガス田中止要求に対し「日本は東シナ海問題をめぐる共通認識を正確に理解し、理不尽な要求をこれ以上するな」と拒絶。11月　尖閣諸島の南側の石垣島との間で、中国防空識別圏に沿うようにして、中国の「トンディアオ（東調）」級情報収集艦が約20時間徘徊。中国Ｈ－６爆撃機×８、ＴＵ－１５４情報収集機、Ｙ－８情報収集機、Ｙ－８早期警戒機の合計11機が沖縄本島と宮古島の上空を飛行、航空自衛隊戦闘機がスクランブルを実施。中国当局、ＡＤＩＺの警戒飛行と発表。12月　武装した中国公船「海警３１２３９」が22～23日（その他３隻とともに）久場島の接続水域に侵入。２日間にわたって遊弋。26日、「海警３１２３９」は久場島北方沖から相次いで日本の領海内に侵入。23～26日には、「トンディアオ」級情報収集艦が房総半島南東沖で数回にわたって反復航行を実施。12月　中国軍が定例記者会見で国産空母を建造中であると発言。

２０１６年（省略）１～２月　中国海軍の駆逐艦、フリゲート艦が日本列島を一周。２月　「トンディアオ」級情報収集艦が千葉県房総半島の南東沖で特異な航行。６月７日、中国軍戦闘機Ｊ－10が東シナ海の公海上で警戒監視活動を行っていた米軍電子偵察機ＲＣ－１３５に異常接近。９日未明、中国海軍の「ジャンカイ」級フリゲート艦がロシア軍艦3隻を追跡するかたちで、尖閣諸島の接続水域に侵入（同海域において軍艦が接続水域まで侵入したのは初めて）。13日、鹿児島県奄美大島の北西EEZで中国海洋船「科学」がワイヤのようなものを海中にたらす。15日、「トンディアオ」級情報収集艦がインド海軍の艦艇2隻を追及するかたちで鹿児島県口永良部島の西の領海に侵入（領海への軍艦侵入は2014年以来2回目）。17日、中国軍機2機が空自のスクランブル機に攻撃行動を実施。7月　海軍軍艦が宗谷海峡を通過。8月　中国海警局の公船とともに約300隻もの漁船が尖閣諸島付近海域に出没。9月　空軍の戦闘機が宮古海峡上空を通過。12月　海軍空母が沖縄の宮古島付近を通過して太平洋に進出。

2017年1月　空軍爆撃機ほか合計8機が対馬海峡を通過。

（拙著『中国戦略〝悪〟の教科書』の資料から抽出・整理）

このクロノロジー1は、1532年の「中国の文献に尖閣諸島が登場」から書き出している。1971年の12月、中国が尖閣の領有権を主張した頃から、次第に細かくなり、2004年3月の中国人活動家が魚釣島に上陸したあたりから、さらに詳細化させた。

しかし、このクロノロジー1では情報量が多すぎて、メッセージの引き出しはできない。そこで、「中国が今後、当該海域でどのような行動に出るか？　その際にはいかなる事前兆候があるか？」との「問い」を設定するなど、クロノロジーの絞り込みという作業が必要となる。そこで加工・修正したのが以下のクロノロジー2だ。これは尖閣周辺において「中国が初めて起こした事件」のみを拾ったクロノロジーである。つまり、大きな潮流における重要な変化に着目し、中国の行動の潮目を「魚の眼」で見たのである。

なお、物事を「見る」には、鳥瞰図のように全体を見渡す「鳥の眼」、潮の流れをキャッチするようにトレンドをつかむ「魚の眼」、顕微鏡をのぞくように焦点を絞る「虫の眼」の3つの「眼」の視点を持つことが重要である。

クロノロジー2

- 1978年4月　中国漁船100隻が領海侵犯
- 1992年2月　領海法で尖閣諸島の領有を明記
- 2004年3月　中国人活動家が魚釣島に上陸
- 2008年12月　中国公船（海監）2隻が尖閣諸島領海内に侵入
- 2010年9月　中国漁船が尖閣諸島領海内で海保巡視船に衝突
- 2012年10月　海軍艦艇が与那国島と西表島の間の接続水域を通過
- 2012年12月　国家海洋局の航空機が沖縄・尖閣諸島の上空を領空侵犯
- 2013年1月　海軍フリゲート艦が海自艦艇にFCレーダーを照射

・2013年4月　中国政府が釣魚島（魚釣島）を核心的利益だと明言
・2013年7月　Y－8早期警戒機が宮古海峡上空を通過して西太平洋に進出
・2013年9月　空軍爆撃機が宮古海峡上空を通過して西太平洋へ進出
・2013年11月　尖閣諸島上を含む空域に防空識別圏を設定
・2015年12月　中国軍が定例記者会見で国産空母を建造中であると発言
・2016年6月　海軍軍艦（フリゲート艦）が尖閣諸島周辺の接続水域で通航
・2016年6月　海軍（情報収集艦）が鹿児島県口永良部島周辺の領海侵入
・2016年7月　海軍軍艦が宗谷海峡を通過
・2016年9月　空軍の戦闘機が宮古海峡上空を通過
・2016年12月　海軍空母が沖縄の宮古島付近を通過して太平洋に進出
・2017年1月　空軍爆撃機ほか合計8機が対馬海峡を通過

このクロノロジー2にはいくつか注目すべき点がある。一つには中国が尖閣諸島の領有を国家意思として初めて露わにした時期と事象に注目できる。つまり、2008年12月の中国国家海洋局所属の公船（海監）2隻が尖閣諸島領海内に侵入した時である。

そこで「この当時、中国の政治指導体制はいかなる状態にあったのか？」という「問い」が生まれる。すると、この「問い」を解くために、尖閣周辺クロノロジーだけではなく、他の関連事象クロノロジーが必要となる。これが縦の比較から横の比較への転換である。

以下は、2008年前後の関連事象クロノロジーである。2007年10月の胡錦濤前総書記の第2期政権の開始から2010年9月の、あの尖閣諸島領海内での海保巡視船に対する衝突事件までの主要事象を拾ってみた。

クロノロジー3

・2007年10月　胡錦濤第2期政権開始。第17回党大会の活動報告で「富国と強軍を図る」旨発言
・2007年10月　初の月探査機「嫦娥1号」打ち上げ
・2008年8月　北京オリンピック開催。成功裡に終了
・2008年9月　神舟7号打ち上げ、中国初の宇宙遊泳
・2008年9月　リーマンショックが勃発
・2008年11月　中国4兆元の景気対策打ち出し、G20サミットで注目（※G2議論が生起）
・2008年12月　社会活動家らが民主化を訴える「08憲章」を発表。米・英・仏・日など海外における署名活動へと拡大

・２００８年12月　国家海洋局所属の新型船２隻が尖閣領海内へ侵入
・２００８年12月　「中央軍事委員会拡大会議」では「情報化条件下の局地戦」対処の軍事能力の向上に加えて「戦争以外の軍事作戦」を強化する方針を提示
・２００８年12月　中国、ソマリア海賊対処任務のため出発
・２００９年３月　南シナ海の公海上で活動する米音響測定艦「インペカブル」に対し中国艦船が妨害する事件が発生
・２００９年５月　中国は南シナ海における大陸棚の延長申請を国連に提出。海洋監視が活発化
・２００９年７月　「韜光養晦、有所作為」から「堅持韜光養晦、積極有所作為」に外交戦略方針を転換
・２００９年８月　『国防部ウェブサイト』が開設。国防部の発言力が増大
・２００９年９月　中国人民銀行（中央銀行）、中国のV字型の景気回復が進展中と発表
・２００９年12月　コペンハーゲンのＣＯＰ15で温暖化ガスの削減をめぐって新興国の先頭に立って先進国と対立
・２００９年12月　「島嶼保護法」を制定。尖閣諸島の領有化に対する法的措置を強化
・２０１０年３月　中国高官、訪中した米国務副長官に対して「南シナ海は中国の核心的利益だ」と発言
・２０１０年６月　南シナ海のナツナ諸島周辺で中国農業部所属の漁業監視船「漁政」が「インドネシア警備艇を威嚇する事件が発生

・2010年9月　中国漁船の尖閣諸島領海内での海保巡視船に対する衝突事件が発生。これを契機に中国は「漁政」を尖閣海域に派遣

以上のクロノロジーから大きな潮流を読みとってみよう。胡錦濤政権は第2期を迎え、強軍戦略の方針を打ち出し、軍の政治的目的での使用を強化し、宇宙や海洋への進出に本格的に着手した。そうした国威発揚や外交問題解決の後ろ盾を強化し、北京オリンピックなどの国家的偉業の達成を目指した。同オリンピックの成功やリーマンショックからのV字回復から自信を深め、2009年7月に外交戦略方針を「有所作為（為すべきことは為す）」から「積極有所作為」へと転換し、国際的な主張と行動を強化した。海洋進出においては、南シナ海の進出と連動する形で東シナ海の海洋進出を強化した。

2010年9月の漁船衝突事件は、「漁船船長が酔っぱらってぶつけた」との見解もあるが、事件の真相は今もって判然としない。だが、クロノロジーが示すとおり、2009年前後から中国は国家意志のもとで尖閣の領有化を志向したと判断されることから、この衝突事件は中国の国家意志と無関係に発生したのではないと考えられる。

今後、尖閣諸島、あるいは東シナ海でどのような事態が発生しえるか、未来予測するた

主体	1992	2004	2008	2010	2012	2013	2016	2017
政府（法律等の主張）	国内法による尖閣の領有（2月）					・政府高官、尖閣は核心的利益であると発言（4月） ・ADIZ設定（11月）		
漁師・活動家		中国人活動家が尖閣に上陸（3月）		中国漁船が尖閣諸島領海内で衝突事件（9月）				
政府の非軍事組織			政府公船が尖閣領海内に侵入（12月）		航空機が尖閣上空の領空侵犯（12月）			
海軍					駆逐艦など、与那国島・西表島間の接続水域への侵入（10月）		・フリゲート、尖閣周辺の接続水域を通航（6月） ・情報収集艦、口永良部島周辺の領海侵入（6月） ・海軍軍艦が宗谷海峡を通過（7月） ・空母が宮古島付近を通過（12月）	
空軍						・Y-8早期警戒機、宮古海峡上空を通過（7月） ・爆撃機が宮古海峡上空を通過（9月）	・戦闘機が宮古海峡上空を通過（9月）	爆撃機ほか8機が対馬海峡上空を通過（1月）

めには「虫の眼」による分析も必要となる（ここから先は、次項の「5マトリックス分析」に関係する内容だが、詳細は後述することにして、このまま話を進めることにする）。

以下のマトリックス表は、行動を起こした主体（プレーヤー）に着目し、クロノロジー2を修正したものである。つまり、それぞれのプレーヤーという縦軸に、年代を横軸にして、マトリックスを使って、縦と横の比較を組み合わせたものだ（拙著『武器になる情報分析力』より）。

図表化することでクロノロジーはいっそうメッセージ性を持つ。尖閣諸島の領有化は、国家による領有権の主張↓漁師や活動家の行動の顕在化↓政府の非軍事組織↓海軍↓空軍というパターンで行われることや、接続水域↓領海侵犯↓領空侵犯といった段階的発展性も読み取れる。さらには、空軍における進出パターンは、ＡＤＩＺ設定↓早期警戒機↓爆撃機↓戦闘機といったグレードアップを読み取ることができる。

こうした図表を作成し、それを様々な目で丹念に見る。過去から現在までの大きな潮流を捉え、ある種の因果関係を発見し、そこを起点に分析の深掘りを行っていけば、かならず未来予測の糸口がつかめるだろう。前述したように、未来の予測には歴史の考察が欠かせない。しかし、漠然と歴史書を読んでも未来予測にはつながらない。実務者はクロノロジーという具体的な形に歴史を落とし込み、そこに必然性や因果関係を発見する強い探究心が必要である。

5 マトリックス分析

現状分析における「横の比較」の代表的手法。「縦の比較」と同じく図式化することで、生起中の事象の特徴や競合会社の戦略、顧客のニーズなどを明らかにする

前項でも述べたとおり、クロノロジー分析が「縦の比較」の代表例ならば、「横の比較」の代表例はマトリックス分析であるということになる。

「横の比較」とは、ある時期に起きている事象を同時期に起きているほかの事象と比較することをいう。まったくの平面に見える一枚の紙も顕微鏡で拡大すれば細かな凹凸があるように、「虫の眼」で見れば事象というものは表面上は一様に見えても凹凸がある。凹凸はすでに起きている特徴であり、これを把握することが未来予測のカギとなる。

たとえば近年の自動車産業ではＳＵＶ（スポーツ・ユーティリティ・ビークル）の売れ行きが好調だという。だがこの場合、どのメーカーのどの車種がどれくらい売れているのかを明確にしなければ、好調の原因、すなわち〈ＳＵＶの販売増を促

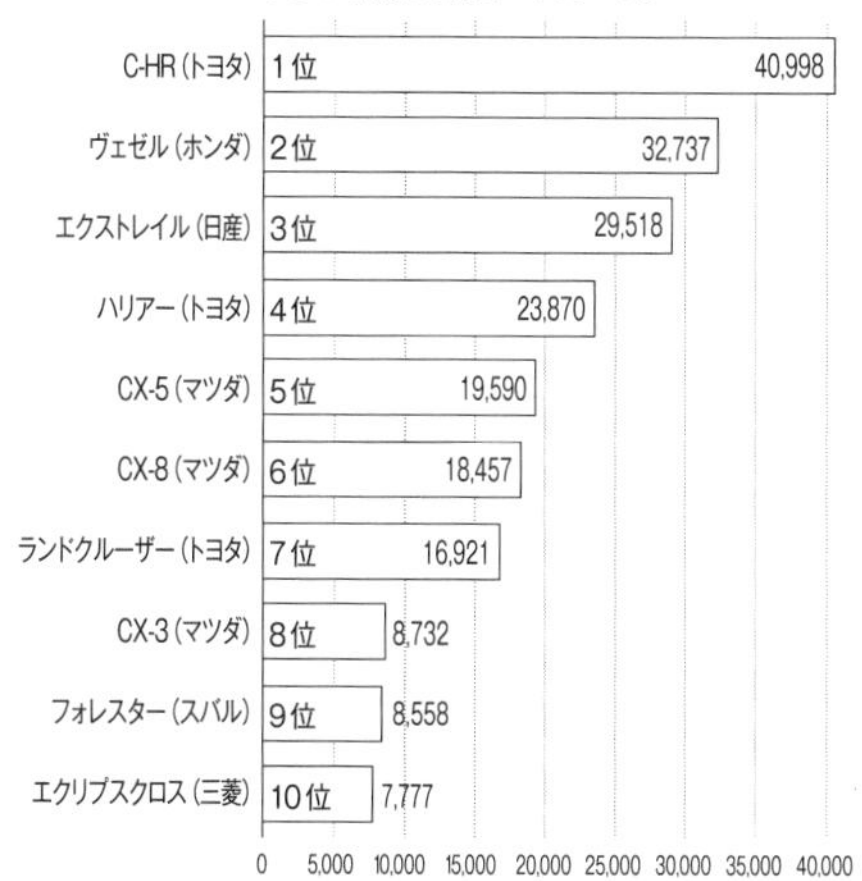

【グラフでわかる！】普通自動車・2018年上半期・車名別販売台数ランキング　どれだけ売れた⁉　どれが人気⁉
出典：Park blog 2018年7月27日

	価格	間取り	築年数	駅からの距離	周辺環境
A物件	5000 万円	3LDK	新築	徒歩15分	商業地区
B物件	3000 万円	3LDK	15年	徒歩5分	商業地区
C物件	3000 万円	4LDK	新築	徒歩30分	住宅地
D物件	2500 万円	4LDK	20年	バス10分 徒歩5分	住宅地

している影響要因や影響力〉は特定できない。

そこで車名別販売台数を比較してグラフ化してみると、

「トヨタのＣ－ＨＲ、ホンダのヴェゼル、日産のエクストレイルという3社の３車種だけでＳＵＶ市場全体の約４割のシェアを占めている」

「だが、マツダのＣＸシリーズをひとかたまりの車種として見ると、これが販売台数トップである」

などの特徴が浮かび上がってくる。

こうした特徴を把握した上でまた別の「横の比較」――たとえばトヨタのＣ－ＨＲをハイブリッド車とガソリン車に分け、それぞれの販売台数を比較する――を行えば、未来における売れ筋を予測するためのさらに重要なデータになるはずである。

とはいえ、さらに未来の売れ筋を見定めるためには顧客のもっと具体的なニーズを把握する必要があり、このような定量的なデータだけでは不十分なので、数値化できない要素を比較したり、相関関係を考察したりする必要があるだろう。

たとえば不動産販売業において「どのような物件が売れるか？」という「問い」を立てるならば、右ページのような表を作成することで顧客ニーズを分析する必要がある。


仮に、A物件やB物件に顧客人気が集中していれば、現在のトレンドは価格が手頃だったり部屋数が多い物件よりも駅からの距離が近い物件である、などの仮説が立てられる。

このように、表の形式にすることで同種の事物・事象の特徴を明らかにし、仮説を立てたりできるのがマトリックス分析である。

マトリックス分析では、まず影響要因（ここでは価格、間取り、築年数、距離、周辺環境）を洗い出す。次に要因を縦軸あるいは横軸（行と列）に設定する。マトリックスのマス目にデータを入れて、その相互関連性などを読み取るものである。なお縦・横・高さの3つの組み合わせによるものを「モホロジカル（形態学的）分析法」と呼ぶ。

多くの情報分析においては縦の比較だけ、あるいは横の比較だけで終わることはない。これらを併用することが最も重要である。たとえば、さきほどの例で取り上げたＳＵＶ販売台数の棒グラフは２０１８年であるが、これを２０１６年、２０１７年と比べると、どの車種がどれほど販売台数を増やしているかわかる。

（単位:万人）

年/人口	14歳以下	15～64歳	65歳以上	総数	高齢化率
1950	2,979	5,017	416	8,411	5%
1955	3,012	5,517	479	9,007	5%
1960	2,843	6,047	540	9,430	6%
1965	2,553	6,744	624	9,921	6%
1970	2,515	7,212	739	10,466	7%
1975	2,722	7,581	887	11,189	8%
1980	2,751	7,883	1,065	11,699	9%
1985	2,603	8,251	1,247	12,101	10%
1990	2,249	8,590	1,489	12,328	12%
1995	2,001	8,716	1,826	12,544	15%
2000	1,847	8,622	2,201	12,670	17%
2005	1,752	8,409	2,567	12,729	20%
2010	1,680	8,103	2,925	12,708	23%
2015	1,586	7,592	3,342	12,520	27%
2020	1,457	7,341	3,612	12,410	29%
2025	1,324	7,085	3,657	12,066	30%
2030	1,204	6,773	3,685	11,662	32%
2035	1,129	6,343	3,741	11,212	33%
2040	1,073	5,787	3,868	10,728	36%
2045	1,012	5,353	3,856	10,221	38%
2050	939	5,001	3,768	9,708	39%
2055	861	4,706	3,626	9,193	39%
2060	791	4,418	3,464	8,674	40%

我が国の人口の推移

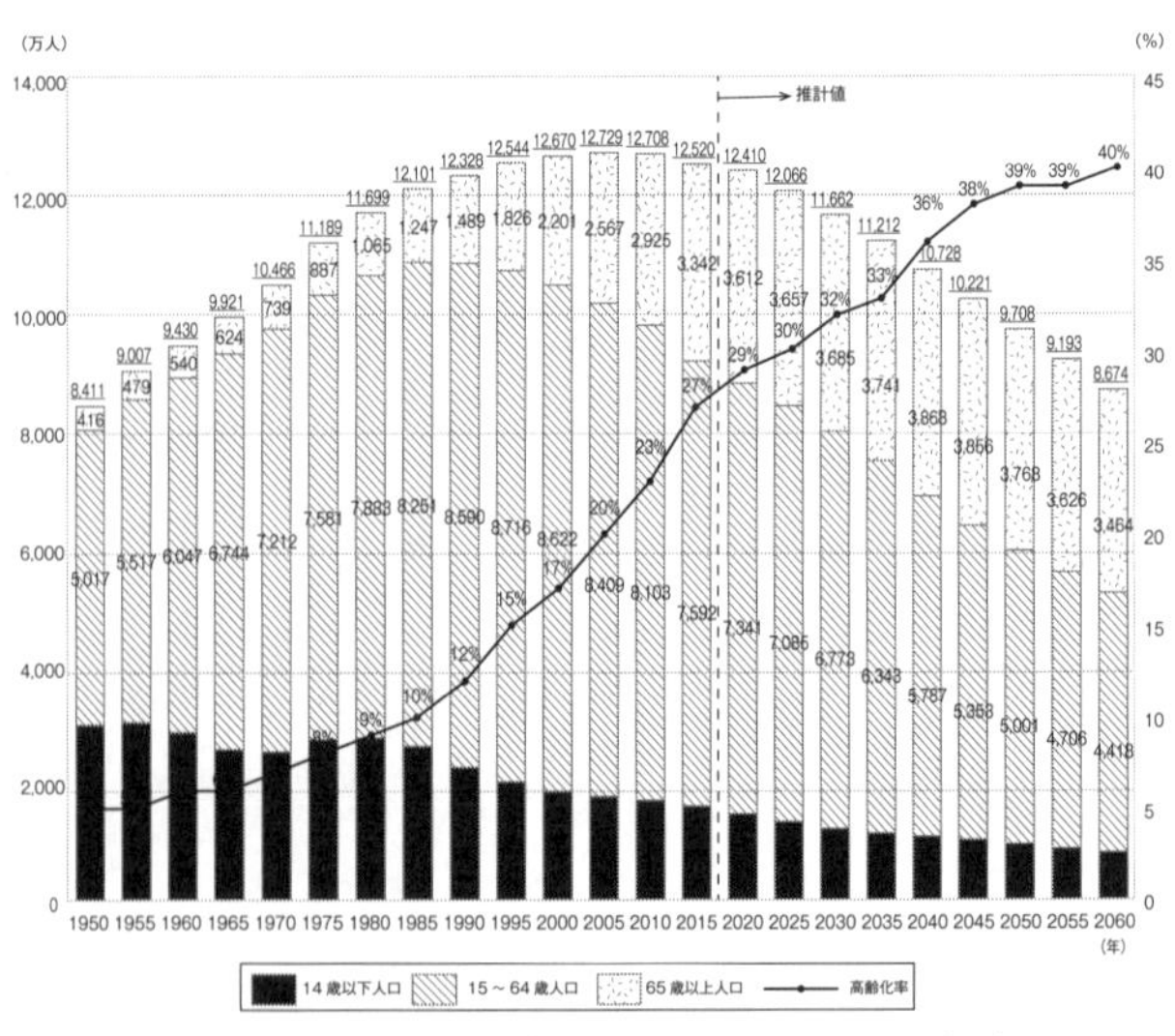

（出典）2015年までは総務省「国勢調査」（年齢不詳人口を除く）

縦と横の比較を同時に行うことができるのもマトリックス分析の利点である。この場合、軸の一方を時間軸として、もう一方の軸に分析する事象の構成要素を入れる。

右ページの上図は縦と横の比較を組み合わせた人口統計のマトリックスであるが、これは右ページ下図のようなグラフに展開して、人口構成の経年変化の特徴をよりビジュアル的に捉えることができる。

6 アナロジー思考

未来予測における仮説の立案と検証のための代表的手法、一つの事象から、類似した別の事象の発生などを予測する

5までの作業で、現状分析が一とおり終わったら、いよいよ仮説の立案と論証（未来の予測）という作業に入っていくことになる。

アナロジー思考は「類似思考」「つながり思考」「点と点をつなぐ思考」などともいい、未来予測において仮説を立てたり、検証したりするための代表的な思考法でもある。

2001年の9・11同時多発テロにおいて米国政府及び情報機関がインテリジェンスに失敗した（つまりテロの発生を防げなかった）のは、この「点と点をつないで考える」こ

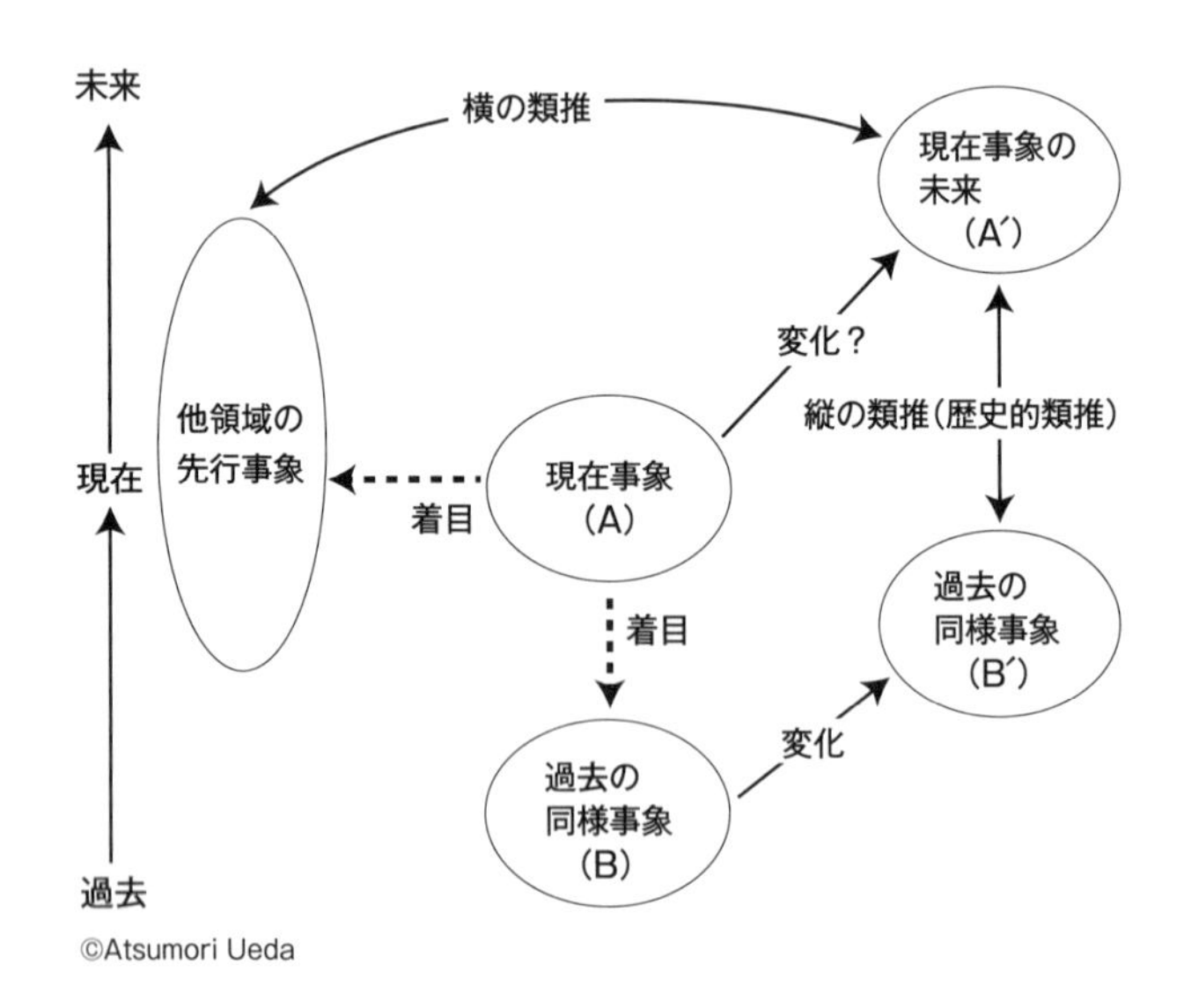

とができなかったためだったと指摘されている。

この事件が起こる以前の1998年には、アルカイダが関与したケニアとタンザニアの米大使館の爆破が起きていたほか、いくつかの兆候があった。そうした兆候を軽視してしまった想像力の欠如がテロを防げなかった遠因であるとの反省がなされたのである。

アナロジー思考をごく簡単に説明すれば、前例、他業界・他商品などから学ぶということになる。つまり過去の類似した事象であるとか、他領域で現在起きている同様な事象に着目することで、自分がいま直面している事象の未来の展開を予測するのである（上はそのイメージ図)。

アナロジー思考の中でも特に過去の歴史的事象に着目し、その事象に基づいて未来を予測する思考法は歴史的類推法と呼ばれ、安全保障分野においては未来予測の手法としてとてもよく用いられる。

アメリカの政治学者グレアム・T・アリソン(ハーバード大学ケネディ行政大学院の初代院長で、現在は同大学ベルファー科学・国際問題研究センター委員)が、著書『米中戦争前夜――新旧大国を衝突させる歴史の法則と回避のシナリオ』において「トゥキディデスの罠」という造語を用いながら展開した「米中衝突」の予測はその一つの典型だろう。

今から約2400年前の古代ギリシャ世界では、最強の陸上兵力をもつ当時の覇権国スパルタと、海上交易で得た経済力を背景に急速に力を伸ばしていた新興国アテネとの間に対立が起こり、やがて古代ギリシャ世界全域を巻き込んだ大戦争(ペロポネソス戦争)に発展した。

そして古代ギリシャの歴史家トゥキディデスは、この戦争を起こした要因が、新興国アテネが旧覇権国家スパルタの地位を脅かしたことにあると結論を簡単に分析した。アリソンはこの故事に倣(なら)い、覇権国家と新興国家の対立が戦争を避けられないほどに高まることを「トゥキディデスの罠」と命名し、さらに「米中はトゥキディデスの罠を免れることができるか?」をテーマに米中関係と国際社会の未来図を描いたのである。

このようなアナロジカルな思考はビジネスの世界でも可能であり、他の場所や他の領域ですでに先行して起きている事象を捉えれば、そこから自分に関係ある事象の未来を予測することができる。

たとえばある出版社の編集者が、新人作家によるきわめて斬新なテーマの本を企画したとしよう。通常、出版社では本を出す、出さないを判断するにあたりその著者の過去作品や同テーマの本の売れ行きを参考にするものだが、その本は著者が新人なので実績はなく、また類似したテーマの先行作品が出ているわけでもないので出版社にとってはこのままではリスクが測れない。だが、本でなくても別分野、つまり映画や海外ドラマ、ドキュメンタリーなどで同じテーマを扱った作品がヒットしていれば、本の方もある程度ヒットするという見込みは立つ。

逆に映画業界の側が、目新しいテーマの作品を送り出す場合も、すでにそのテーマを扱っている本がヒットしているのであれば映画だってヒットするという仮説が立てられることになる。

こういった思考法はあらゆる方面に応用可能だろう。たとえば、少子高齢化の問題は東京などの大都市と地方ではまだまだ深刻さの度合いが異なるが、地方では空き家が急増し、利用者の減少により廃業する交通機関も増える一方で、過疎地には移動販売車が進出するなどの現象も起きている。これらは都市部でも時間差で起きると予測できることだ。

さらにグローバルに視野を広げれば、日本同様に少子高齢化が進んでいる台湾、あるいは少子高齢化とともにトルコなどからの移民受け入れを行っているドイツの現状を分析し、そこから日本の未来を類推することも一案だろう。

ただし気をつけなければいけないのは、アナロジー思考は論理的思考法ではなく、あくまでも創造的思考法であり、万人が見て客観的といえるほどの根拠があるわけではないということだ。したがって検証という作業が不可欠であり、この際には類似点ばかりでなく相違点にも目を向けることが重要である。

たとえば、少子高齢化対策の一つとしての外国人労働者の活用という問題でドイツと日本とを比較するなら、両国には高い教育水準、規律の重視、たくましい産業力という類似性が多数ある一方で、ドイツは大陸国家で「外向き拡張志向」なのに対し、わが国は海洋国家で「内向き孤立志向」である、などの相違点があることを勘案する必要があるだろう。

7 ブレーンストーミング&マインドマップ

未来予測における仮説の立案・検証のための代表的手法。一つの事象から自由発想的、かつ体系的に仮説やアイデアを案出する

仮説やアイデアを出すためには論理的思考法と創造的思考法がある(39ページ参照)。そして創造的思考法には「拡散的思考」(Divergent Thinking)と「収束的思考」(Convergent Thinking)がある。

拡散的思考は既成概念にとらわれず、自由な発想でさまざまなアイデアを出すことである。このための分析手法には、専門家によるデルファイ法及びパネル法、グループで実施するブレーンストーミング法、マインドマップなどがある。

なかでも米国の広告代理店副社長であったアレックス・F・オズボーンが1938年に開発したブレーンストーミング法は創造性開発技法や集団発想法とも呼ばれ、アイデアや仮説を創造的に案出する最適の方法として広く普及している。

オズボーンの考案したブレーンストーミング法では、ある議題について複数人でディスカッションすることでアイデアを出したり、議題に対する問題点を列挙させていく。ディスカッションには「他のメンバーのルールを否定しない」「意見の『質』ではなく『量』

を重視する」などのルールがあり、こうすることで各自が思いついた内容にブレーキをかけることなく吐き出させていくのである。

またオズボーンは、メンバーに意識させることでよりアイデアを出しやすくなる「オズボーンのチェックリスト」も考案しており、リストは以下の9つの「視点」から成る（カッコ内は例）。

1 転用（我が社が開発した足袋をランニングシューズとしても売れないか？）
2 応用（ランニングシューズの靴底を、我が社の足袋にも着けられないか？）
3 変更（足袋の色をカラフルにしてみてはどうか？）
4 拡大（西洋人向けに、足袋を大きくしてみてはどうか？）
5 縮小（子ども向けの小さい足袋も作ってみよう）
6 代用（足袋の材料としてナイロン素材は使えないか？）
7 再配列（足袋の縫い方を変えてみようか？）
8 逆転（足袋の裏地をひっくり返してみては？）
9 結合（足袋と下駄をくっつけてみてはどうか？）

さらにアメリカの製品開発専門家ウィリアム・ゴードンはこのオズボーンのブレーンストーミング法に工夫を加え、本当のテーマを隠してブレーンストーミングを行う、ゴードン法と呼ばれる方法を開発した。

ゴードン法の特徴は、グループのリーダー以外は議題そのものを知らない状態でディスカッションさせられるため、メンバーがより奔放(ほんぽう)にアイデアを出せるという点にある。

したがって仮にその日の議題が「新店舗の立地条件」ならば、「心地よい場所」などのより抽象度の高い議題を掲げ、各自に自由連想的にアイデアを出させていく。リーダーは皆がアイデアを出し終わったところで本来のテーマを明らかにし、出てきたアイデアが本来のテーマに即して有効かどうかを検証するのである。

なお最近の、より体系化されたブレーンストーミング法では、進行役1名に対し5〜7人程度のメンバーが集まって討議することで、ある特定の検討テーマ（つまり、「問い」）を明確にする方法が採られている。

この方法では、まず各メンバーに数枚の白紙のカードが配られ、メンバーたちはカード一枚につき1つのアイデアを書く。進行役はカードを回収して、それらをホワイトボードや壁に貼り付けて全員に公開する。参加者は、ホワイトボードに貼り付けられたカードを見て、さらにカードにアイデアを書き、進行役に渡す。

アイデアが出つくしたところで進行役はアイデアをテーマごとに分類し、重複しているものや「問い」にそぐわないものは削除するのである。

一般にブレーンストーミングは、アイデアを際限なく出していくという点で「拡散的思考」の典型とされるが、このような体系化されたブレーンストーミングの場合は、出したアイデアを絞り込み、検証したり深掘りする「収束的思考」にも対応できる。

やはり拡散的思考法と収束的思考法の併用といえる方法に、トニー・ブザンが考案したマインドマップがある。この手法では、1枚の紙の中央に表現したい概念やキーワードを書き、そこから連想されるキーワードを放射状に書いていく。

マインドマップの優れている点は第一にグループでなく個人でも行えること、第二に拡散的思考法と収束的思考法を併用して仮説の立案と検証を同時に行えるという点だ。そのためこの手法は、アイデア連想に限らずノートの作成やプレゼンテーションのツールとして用いられることが多い。

最近では、マインドマップをパソコン上で簡単に作成できる無料ソフトがインターネットで配布されている。筆者もこの無料ソフトを、読んだ本の大まかな内容を整理したり、原稿を執筆したりする際に活用させてもらっている。

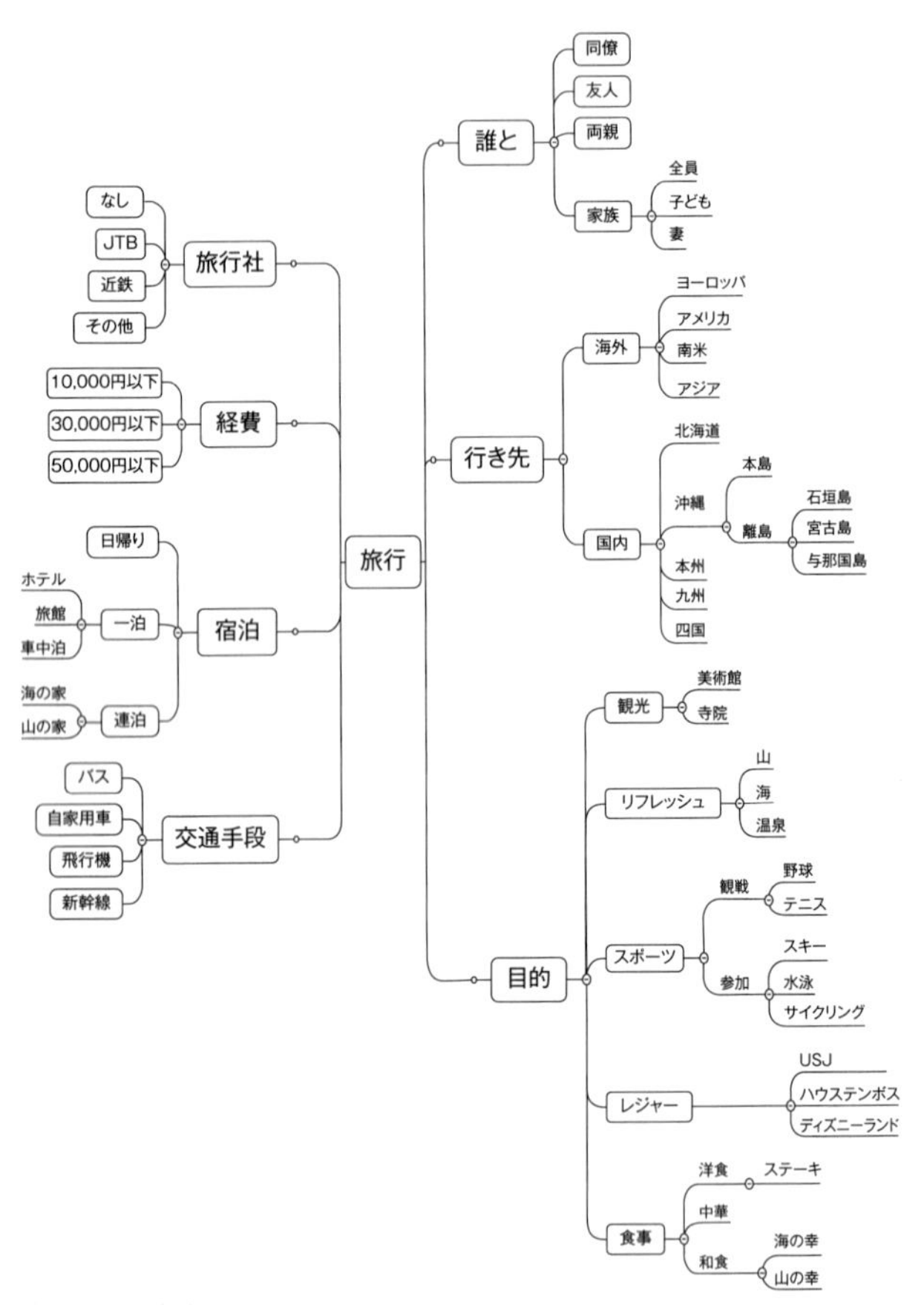
旅行
旅行社
なし
JTB
近鉄
その他
経費
10,000円以下
30,000円以下
50,000円以下
宿泊
日帰り
一泊
ホテル
旅館
車中泊
連泊
海の家
山の家
交通手段
バス
自家用車
飛行機
新幹線
誰と
同僚
友人
両親
家族
全員
子ども
妻
行き先
海外
ヨーロッパ
アメリカ
南米
アジア
国内
北海道
沖縄
本島
離島
石垣島
宮古島
与那国島
本州
九州
四国
目的
観光
美術館
寺院
リフレッシュ
山
海
温泉
スポーツ
観戦
野球
テニス
参加
スキー
水泳
サイクリング
レジャー
USJ
ハウステンボス
ディズニーランド
食事
洋食
ステーキ
中華
和食
海の幸
山の幸

なお、右ページの図はマインドマップが簡単に作成できて、発想や思考整理に適している点を説明するため、ソフト「MindManager」を利用して旅行計画の設定をテーマに作成してみた。1時間もかからずに、この程度のマインドマップは作成できる。

8 4つの仮説案出（QHG　Quadrant Hypothesis Generation）

予測における仮説の案出と検証、あるいはシナリオ・プランニングの代表的な手法。特徴ある4つの未来シナリオを立案する

未来仮説を立てる際に有力な手法の一つに「4つの仮説案出」（QHG　Quadrant Hypothesis Generation）がある。

この手法は未来に起こり得る事象に重要な影響を及ぼす2つの力（ドライビング・フォース）に基づき、4つの異なる仮説を立てるものだ。後述するシナリオ・プランニングでは異なる4つのシナリオを列挙しなくてはいけないので必須のプロセスとなる。

この手順は以下のとおりだ。

（1）事象の方向性を規定する重要なドライビング・フォースを特定する。

（2）横軸、縦軸の両極端にドライビング・フォースを記述する。

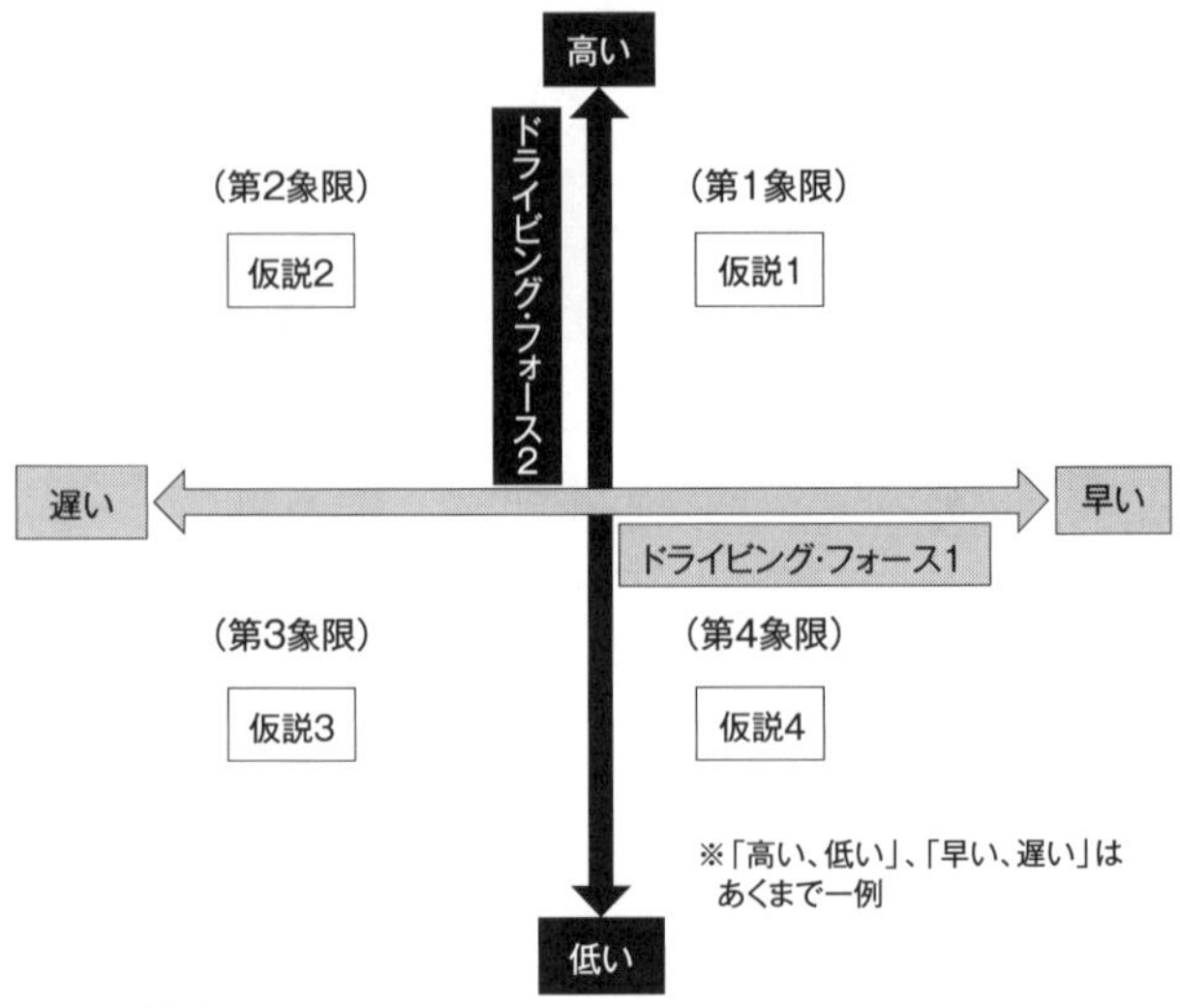

©Atsumori Ueda

（3）２つのドライビング・フォースが規定される状況がどのようになるかについて詳細に記述する。

４つの仮説を案出する際に最も難しいのは、２つのドライビング・フォースを特定する作業だ。グループ討議によるブレーンストーミングなどが用いられる。

平面を直交する2直線で仕切ってできる４つの部分を象限と言う。ＱＨＧでは2本の直線、つまり2つのドライビング・フォースによって平面を区切ることで出現する４つの象限に、それぞれ４つの仮説を当てはめることでシナリオを案出していく。

一本のドライビング・フォースは両極が正反対のベクトルを向いており、仮にドライビング・フォース1を「早さ」というテーマで設定した場合、片方の極が「早い」、もう片方の極が「遅い」になる。

この際に気をつけなければいけないのは、2つのドライビング・フォースが相関関係にあってはいけない（つまりドライビング・フォース2本は互いになるべく関連性の薄いテーマを案出したほうがいい）ということだ。

たとえば、縦軸のテーマを「ブランド志向度」（高級志向か、低価格志向か）と設定した場合、横軸に価格（高い、低い）を設定してしまっては意味がない。高級品は値段も高いのが当たり前でブランドと価格は相関関係にあるため、このような2本を交差させても4つの象限の線引きが曖昧になってしまうからである。

QHGを用いることで、異なる4つのシナリオを描くためのベースラインを確立するとともに、戦略の方向性を見出すことができる。なおこうしたQHGの考え方は、横軸と縦軸に戦略変数を設け、その2つの変数の程度により、戦略グループ（自社や他社）が業界内のどの位置にいるかを図示するマイケル・ポーターの「グループマッピング（戦略グループマップ）」とも共通している。

なお、このような4象限マトリックスにはさまざまなタイプがあり、代表的なものとしては、自己や相手側の戦略・戦術を考察する「ＳＷＯＴ分析」のほか「ポジショニング・マップ」「アンゾフの成長マトリックス」「ＰＰＭ（プロダクト・ポートフォリオ・マネジメント）」などがある。

9 シナリオ・プランニング

未来に関する複数のシナリオと対応する戦略を一連のプロセスとして案出する

シナリオ・プランニングはシナリオ的思考法（シナリオ・シンキング）ともいう。これは未来の環境認識（基礎分析）にとどまらず、「何をすべきか」「どのようにすべきか」といった戦略判断や戦略策定までが含まれる。

シナリオ・プランニングはもともとは軍事戦略を立てるために第二次大戦中のアメリカで研究されていたものだが、これをランド研究所の研究員だった軍事理論家ハーマン・カーンがビジネスへの応用を試みたことで企業家たちの間でも支持されるようになった。中でも英国の石油メジャーであるシェル社（現在のロイヤル・ダッチ・シェル）は、シナリオ・プランニングを企業運営のノウハウとして確立し、それによって１９７３年の第一次石油危機を乗り切った企業として有名である。

当時のシェル社にはピエール・ワックというフランス人プランナーがおり、ワックはカーンの理論に影響を受け、シナリオによって未来（西暦２０００年）の石油産業の環境変化を予測するプロジェクトを社内で進めていた。「石油は戦略物資である」「アメリカの石油は枯渇しかかっている」「アメリカの石油需要は伸び続ける」といった蓋然性が高い路線に「アラブの感情」という不確実な要素も組み合わせた結果、「石油価格は現状を維持する」「ＯＰＥＣ（石油輸出国機構）が主導して石油価格の高騰が起こる」という２通りのシナリオを作成し、その対応策を準備したのである。

シェル経営陣は当初、このシナリオを取り合わなかったというが、１９７３年に第四次中東戦争が勃発して実際に石油価格が暴騰すると、石油業界全体が後手後手の対応を強いられるなかシェルだけがワックのシナリオがあったおかげで慌てることなく対応した。その結果、70年代初頭まではセブンシスターズ（当時のオイルメジャー７社）でも下位に沈んでいたシェルは第四次中東戦争終結時までに2位にのし上がり、現在も欧州最強のエネルギー企業として君臨するに至っているのである。

バックキャスティングとフォアキャスティング

ところでシナリオ・プランニングには「バックキャスティング」と「フォアキャスティング」という2つの考え方がある。

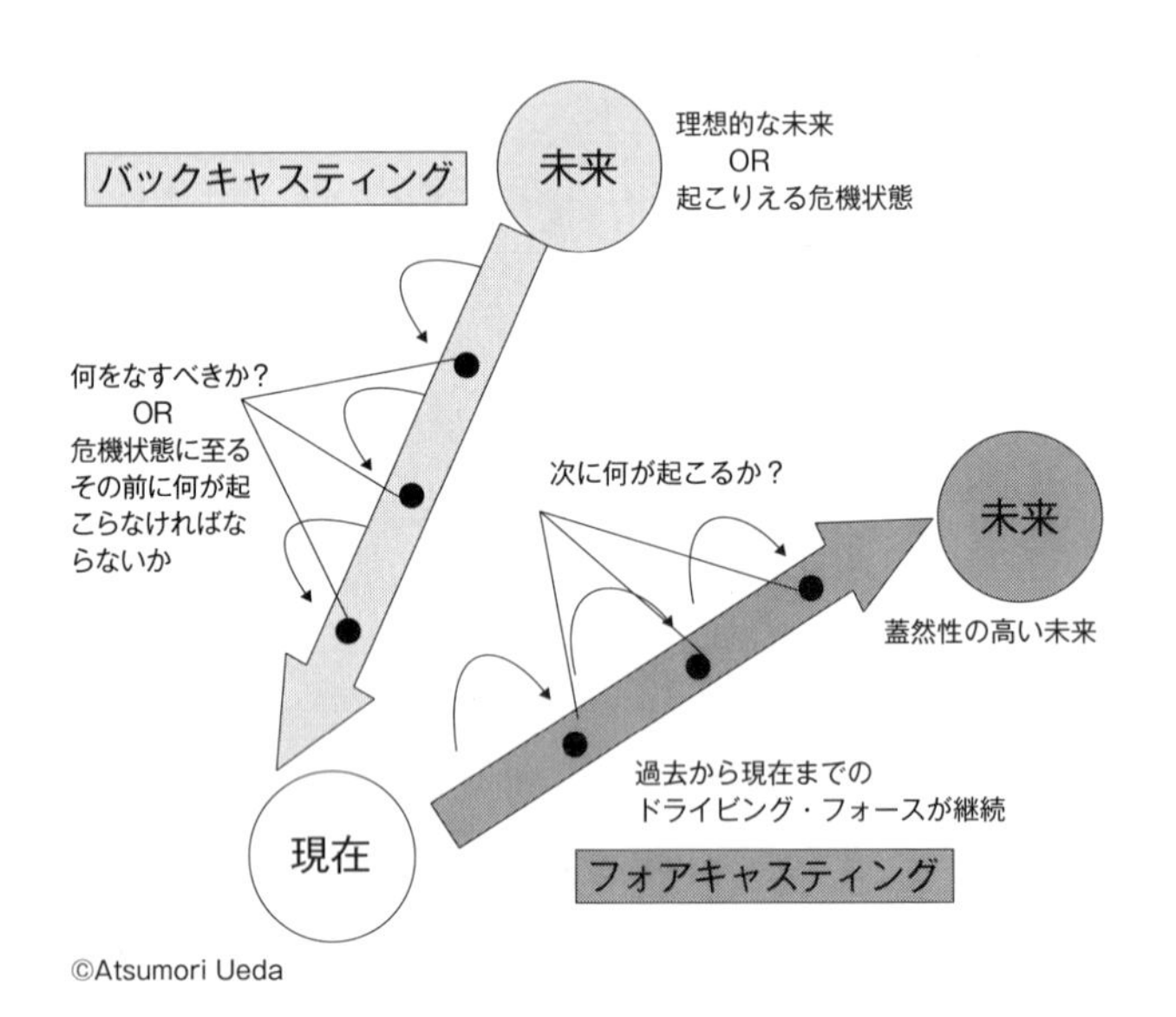

前者は規範的シナリオ手法とも呼ばれ、思考の仕方としては演繹（一般的・普遍的な前提から、より個別的・特殊的な結論を得る論理的推論の方法）的である。

バックキャスティングの手法は、遠い未来の予測であるとか都市計画の立案などによく使われる。未来において起こりそうな事象や望ましい未来像を最初に設定し、それが起こるためにはどのような条件が必要かを逆行的に案出するのだ。

東京都が２０１７年9月に発行した冊子『都市づくりのグランドデザイン』では、２０４０年代の東京都の理想的な未来像と、そのための取り組み事項が描かれているが、これなどはバックキャスティング的な都市計画の典型である。

　かたやフォアキャスティングは過去から現在に至るトレンドを何らかの形で未来に延長する方法であり、探求（探索）的シナリオ手法とも呼ばれる。思考の進め方は帰納（個別的・特殊的な事例から一般的・普遍的な規則・法則を見出そうとする論理的推論の方法）的であり、しばしば、「過去→現在→未来」のアプローチを取るゆえに、比較的単純な、近未来の予測に適している。

「未来がこうなるかもしれないし、ああなるかもしれない」といった叙述的なシナリオになるのがこの手法である。


　フォアキャスティングによるシナリオ作成の基本的な手順は以下のとおりである。

（1）問題および対象期間の明確化
（2）主要な影響要因（キーファクター）の列挙
（3）影響要因の背後にあるドライビング・フォースの列挙
（4）影響要因やドライビング・フォースの整理
（5）シナリオの選定・検討

ミサイル発射時期の見積り（3月6日現在のタイムライン）

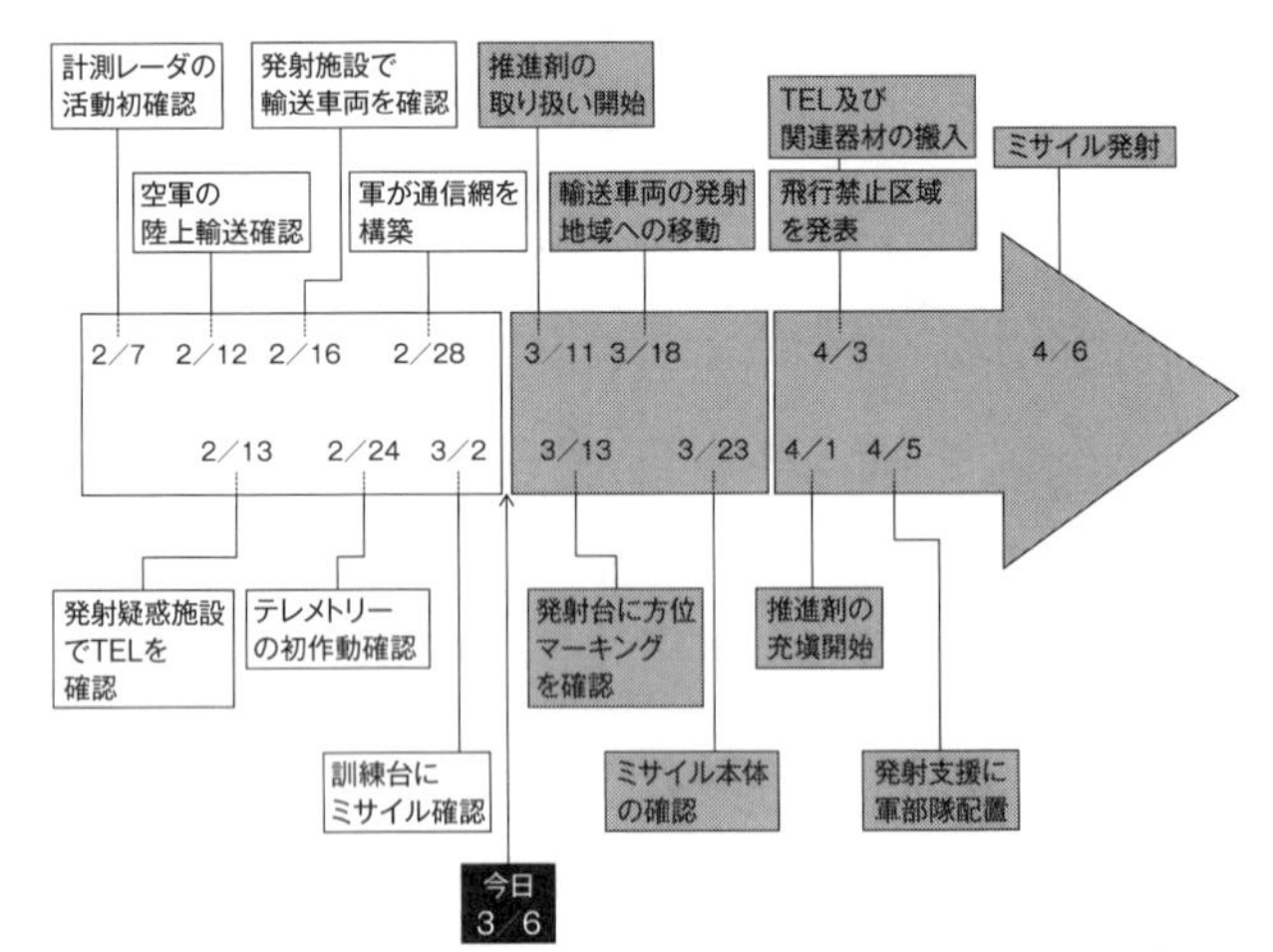

『Structured Analytic Techniques for Intelligence Analysis』/by Richards J. Heuer Jr. and Randolph H. Pherson より

（6）シナリオの作成・完成
（7）各シナリオへの対策シナリオの検討
（8）シナリオが発生する際の指標や兆候の整理

国際情勢の分析ではバックキャスティングとフォアキャスティングを併用した分析が行われ、これはフィードバック的手法と呼ばれる。探求的手法と規範的手法を循環的に結合しながら、未来の可能性の領域を探求する方法である。「クロノロジー&タイムライン」は、しばしばフィードバック的手法により作成される。

右に示したのは、アメリカ国防情報局（DIA）が作成した「クロノロジー&タイムラ イン」の一例である。ここでDIAは、某国がミサイルを発射する時期を見積もるために、過去から現在（3月6日）までのクロノロジーを図式化するとともに、次の発射までにどのような兆候が起こるかを案出している。

この手法はすでに作成したシナリオを評価したり具体化するための補助的手段としても活用できる。ビジネスにおいても、「競合他社の合併はいつか？ その兆候としてはどのようなことが起こりうるか？」などをテーマにしたシナリオには特に適用しやすいだろう。

未来シナリオの3つのモデル

フォアキャスティングの考え方に基づく未来のシナリオの一例としては「推定モデル」「予想モデル」「予測モデル」の3つのモデルがある（次ページの図参照）。

現在状態モデルは過去状態モデルに歴史的な力が加わって形成されている。この歴史的な力のことをシナリオ・プランニングでは影響力、あるいはすでに説明したドライビング・フォース、推進力などと呼ぶ。これは事象にさまざまな影響を与える各種要因（影響要因）のなかでも、とくにトレンドに重大な影響を及ぼす力である。

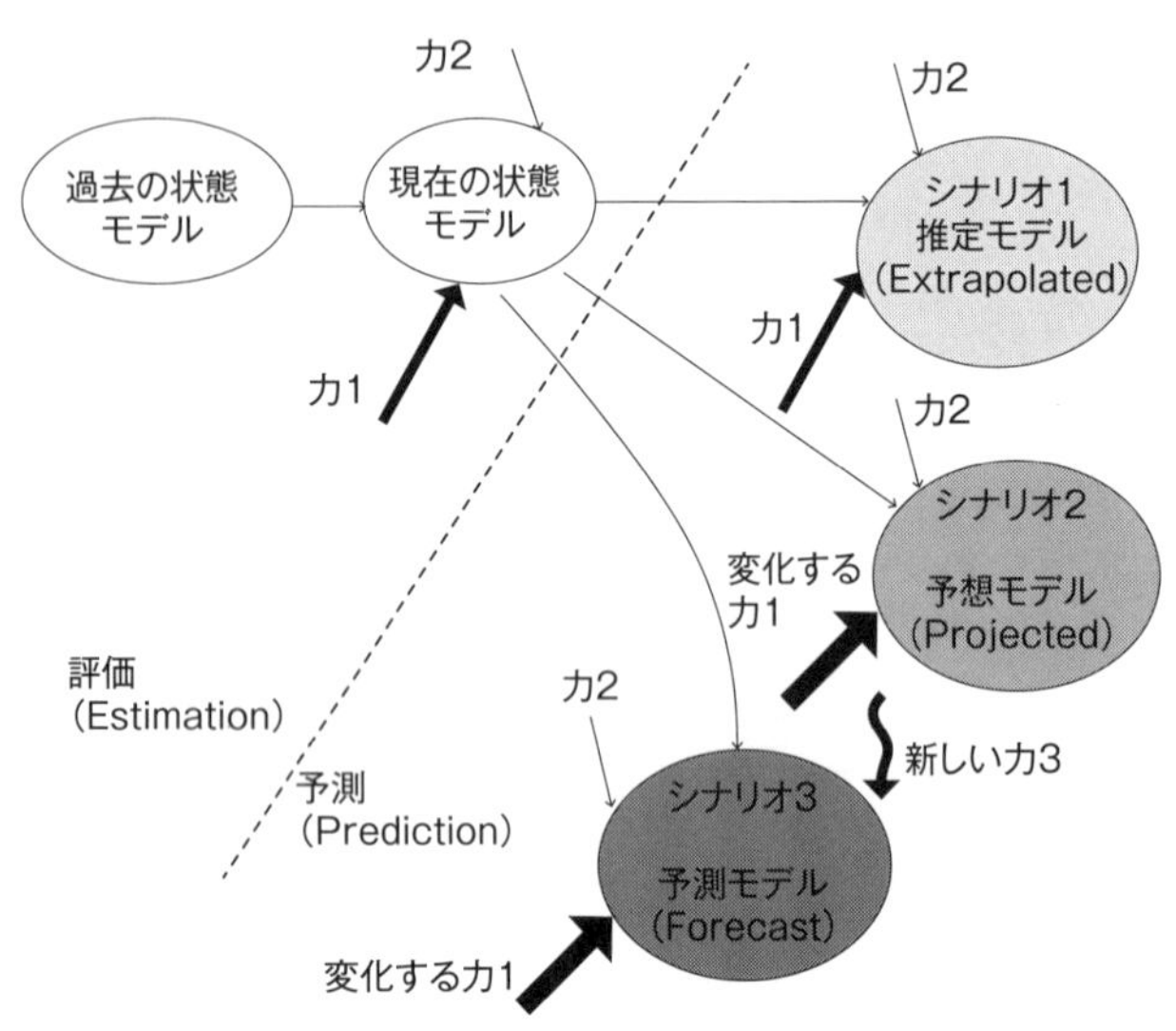

（注）太い矢印は強い力を表す。

Robert M. Clark『Intelligence Analysis: A Target-Centric Approach』（2016年）を元に作成

その1　推定モデル (Extrapolated Model)

現在の状態に対して、これまでの歴史的な力がずっと継続するならば未来予測は「慣性の法則」に基づいて、過去から現在までのトレンドを未来に投射すればよい。この単純モデルが推定モデルであり、さまざまな未来シナリオの基本モデルとなる。

しかし、影響力に変化がないなどということは、現実の世界ではほとんどない。したがって推定モデルが適用できるのはごく短期の事象、あるいは人口動態の予測の

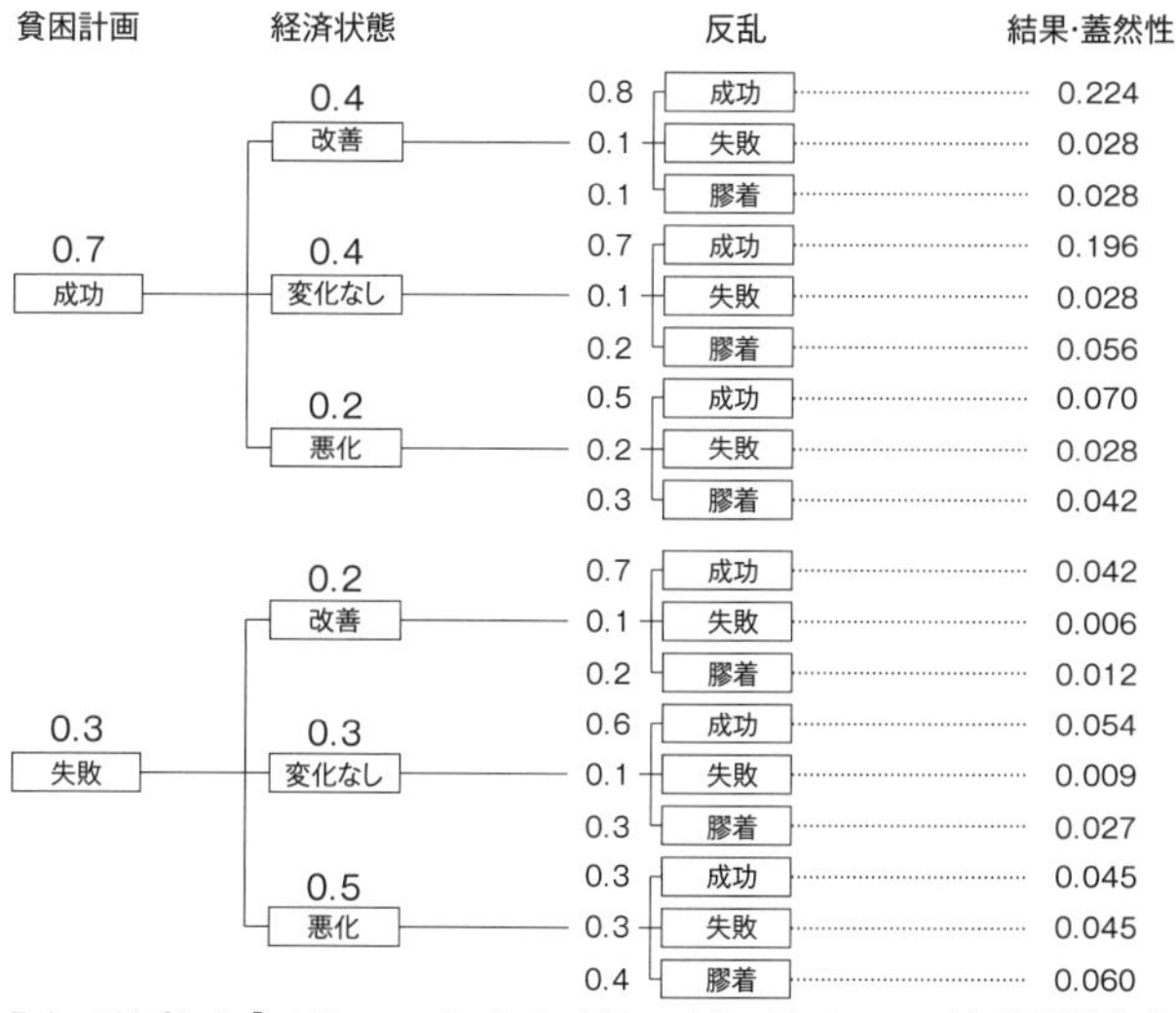

Robert M. Clark『Intelligence Analysis: A Target-Centric Approach』(2016年)を元に作成

ような、定量的・統計的な分析が可能な一部の領域に限られる。

その2　予想モデル (Projected Model)

他方、過去から現在までの影響力が変化すれば、その未来の終着点は推定モデルとは当然ながらズレてくる。たとえば「グローバル化」は、これまで世界のメガトレンドを形成するきわめて強力な影響力のひとつであった。だが近年の国際社会ではトランプ米政権の誕生、さらにイギリスのEU離脱など保護主義や一国主義の台頭も見られるようになっており、グローバル化とは逆の影響

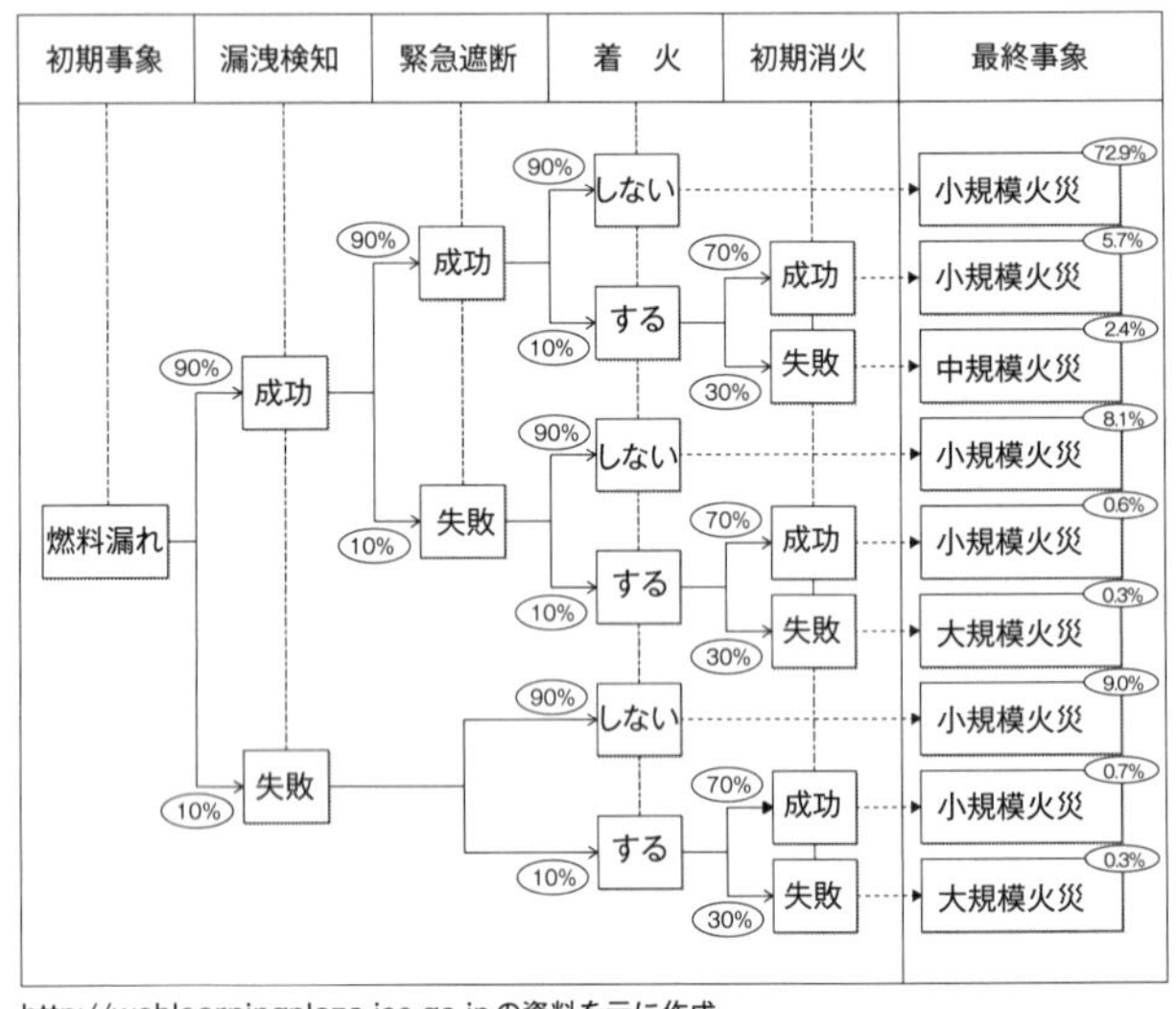

http://weblearningplaza.jse.go.jp の資料を元に作成

力、つまり変化する力が生じている。

　このような場合には新たなモデルが必要となるが、その中でも変化する力についてある程度は定量的な分析が可能な場合は予想モデルが採用される。予想モデルの代表的な分析手法には影響ツリー分析（Influence Tree）がある。

　影響ツリー分析を使った分析手法は、事象の時系列的な発展方向を予測することから「イベント（事象）ツリー」とも呼ばれ、国際情勢及び安全保障分野においてはしばしば使用される。

　この影響ツリー分析では確率を組み込むことである程度まで定量的な分析

が可能である。113ページの図はアフリカのある国で反乱・動乱が起きる蓋然性を、「貧困計画(対策)」「経済状態」という不確実な2つの要素により予測した事例である。

また右のイベントツリーは、あるガソリンスタンドで火災が起きた場合に、途中で鎮火する条件を明らかにするためのもので、いわば文章形式ではないシナリオである。

この場合、最終事象(図の場合は火災)の原因として想定される初期事象(図の場合は燃料漏れ)を想定して図の左端に置き、事象の発展と対策を時系列で考えていく。さらにその対策を「成功した場合」と「失敗した場合」に分岐させることで樹形図を作成している。

樹形図が完成したら、そこに連なる各事象の発生確率を積算し、最後に対策を検討することになる。

この手法は汎用性の高さから国家の危機管理はもちろん、原子力災害対処の分野でも活用されている。ビジネス分析でもさまざまな局面での応用が可能だろう。

その3　予測モデル（Forecast Model）

最後に説明する予測モデルは、予想モデルにおいては見られなかった新たな力が加わった場合のモデルである。つまり、推定モデルに、変化する力と新たな力がダブルで加わったものである。

予測モデルは過去モデルから現在モデル、現在モデルから推定モデル、推定モデルから

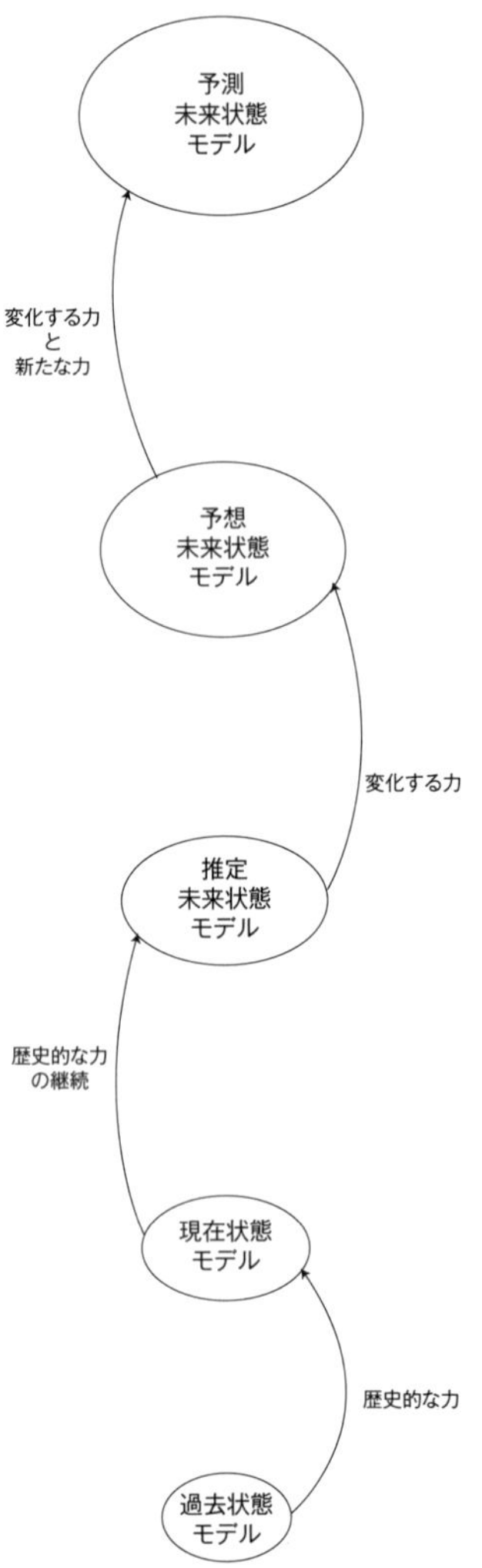

Robert M. Clark『Intelligence Analysis: A Target-Centric Approach』（2016年）を元に作成

予想モデルといったように反復プロセスを繰り返すことでつくることができる。

予測モデルは推定できない新たな力が加わるために推定モデルや予想モデルのような定量的分析は行えず、多くの場合は定性的な分析となる。したがって、これら3つのモデルを網羅するとなると、そのシナリオは叙述的な物語となるのである。

一般にシナリオ・プランニングにおける未来シナリオの作成は、これらの3つのモデルを網羅する。

カルマンフィルタ法の応用

工学分野では、複数の不確実な情報を用いてより正確な情報を推定することを目的とする「カルマンフィルタ法」という手法がある。このカルマンフィルタ法を未来予測に応用したシナリオ作成の手法があるので、これについても説明しておこう。イメージとしては、ドライビング・フォースの影響を受けることで、現在を起点に放射状に広がっていくように展開するタイプのシナリオである。

カルマンフィルタ法によるシナリオでは、まず問題および対象期間を設定する。たとえば「2040年の地方大学の状況にはどのような変化が起こっているか?」を問題に設定したとする。

次にドライビング・フォースの特定である。この際、前述したＳＥＰＴＥｍｂｅｒなどのフレームワークを活用して自由発想的にドライビング・フォースの候補を列挙し、その後にこれを５つから７つで特定する。

ここでは仮に「人口構造」（Society）「グローバル」（Economy）「地方自治」「政府の移民政策」（Politics）「ＩＣＴの動向」（Technology）「環境問題」（Ecology）が挙がったとしよう。この際に、先入観や思い込みを可能な限り排除しなければいけない。したがって「少子高齢化」「都市への人口集中」「政府の移民政策の推進」といった価値判断が入り込みやすい表現は避け、中立的な表現に留意する。

次に、各ドライビング・フォースにひとつの前提を考える。人口構造については「少子高齢化が進行する」、「地方自治」では「首都圏に経済拠点や人口が集中する」などのほぼ確実に到来する未来を前提として設定する。

前提の設定は現在進行している状況について述べることになる。これを２０４０年まで延長した物語がベースラインシナリオであり、前述の３つの未来予測モデルの推定モデルに相当する。

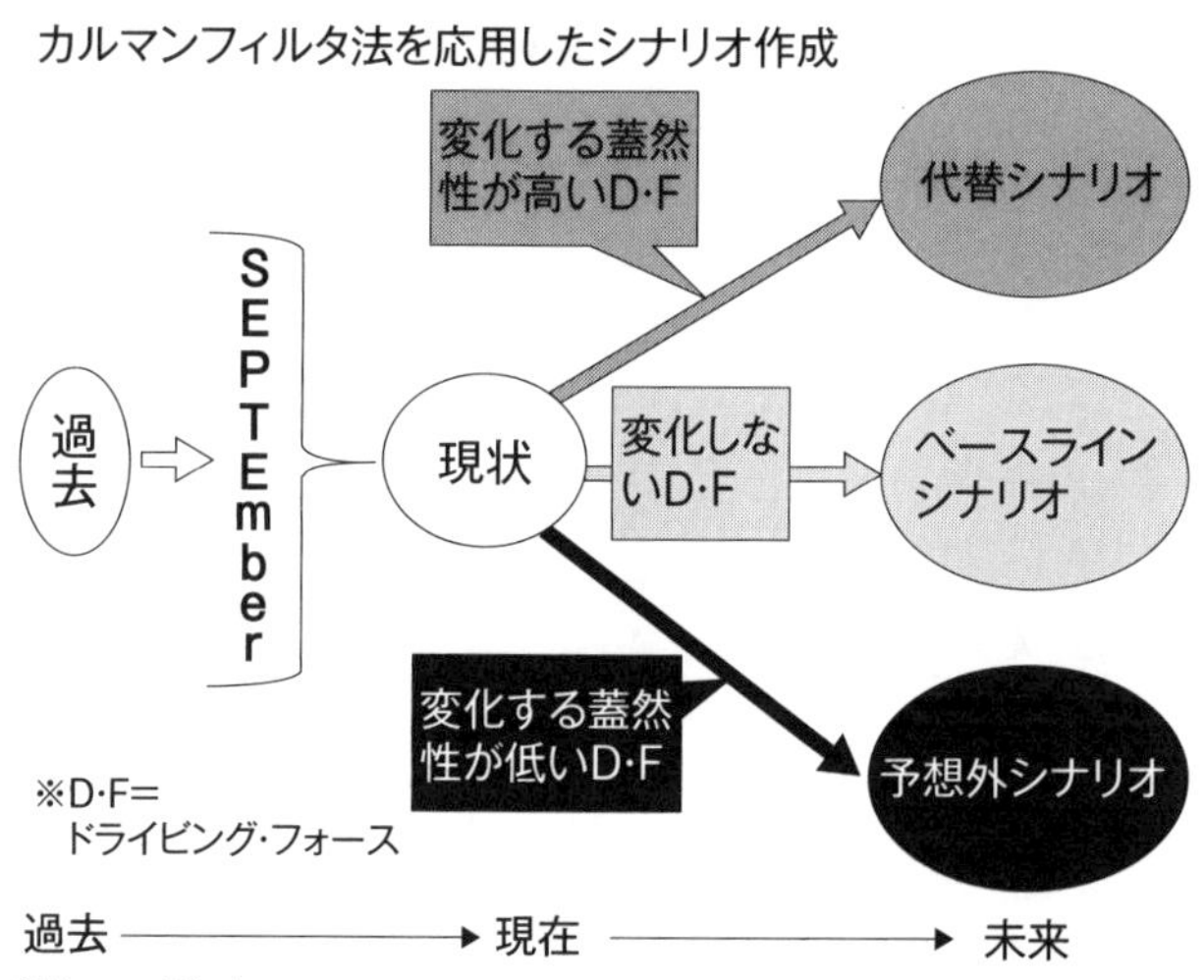

次は代替シナリオの作成である。これはドライビング・フォースの前提の中で、変化する可能性が最も高そうなものを一つ選定して、その前提に置き換えて、ベースラインシナリオを修正する。たとえば、「地方自治」では「首都圏に経済拠点や人口が集中する」を「道州制などの地方分権が進む」に置き換えて全体のストーリーを改めて構成する。

予想外シナリオは変化する可能性が最も低そうなドライビング・フォースの前提に着目する。たとえば、「人口構造」の「少子高齢化が進行する」を「ベビーブームが勃発する」などに置き換えて物語を再構成するのである。

この手法は「4つの仮説案出」ほど特

徴が明確に異なるシナリオは立てられない反面、物語の展開は描きやすい。私としては、「4つの仮説案出」と併用して使用することをお薦めする。

これは、カルマンフィルタ法の応用であり、ベースラインシナリオが推定モデル、代替シナリオが予想モデル、予想外シナリオが予測モデルに相当する。

情報分析の手法をどう活用するか

ここまで本章では、未来予測のための情報分析手法について紹介してきた。欧米情報機関などではこのほかにもさまざまな分析手法を開発しており、それらの中にもビジネスや個人の問題での未来予測に応用できるものがある。

ただくれぐれも気をつけてほしいのは、「この事象」には「この分析手法」といった画一的なルールがあるわけではないということだ。

私が携わってきた安全保障の実務においても、ある分析手法と別の分析手法、またはその一部を融通無碍(ゆうずうむげ)に組み合わせることで未来予測を行っている。したがって情報分析の手法は、その組み合わせ方しだいで無限にあるという言い方さえできるだろう。

また私はこの章の初めのところで、未来予測の理想的な手順として❶「問い」の設定、❷「枠組み」の設定、❸収集&整理、❹現状分析&未来予測、❺戦略判断という区分(段階）を示し、さらに「未来を予測するための9つの分析手法」の図ではそれぞれの思考法・情報分析手法が、この5段階のどこに対応するかを図示したが、この区分にしてもあくまで一つの基準にすぎない。

これらのツールを使ってみると、現状分析と未来予測にそれほど明確な垣根はないこともあるし、軽易な問題であれば現状分析がそのまま未来予測となる場合もある。また、本章で紹介したフレームワーク分析、システム思考などは基礎分析（環境認識）に限らず、すべての局面において使用されるものでもある。図中では基礎分析（環境認識）の項目に「アウトサイド・イン思考＆フレームワーク分析」を、また「仮説の立案及び論証」に「アナロジー思考」や「ブレーンストーミング＆マインドマップ」を対応させてはいるが、これらはいずれも、「この手順を行うに当たってはこの手法が向いている」程度の意味であり、ある手法がある手順でしか使えないなどということはない。

さらにいえば、本章で解説した思考法や分析手法それ自体も、それぞれが他の手法と重複していないわけでもなく、実際にはそこまで厳密に分けられるものではない。

つまり、実際に問題、すなわち「問い」に回答するためには、さまざまな分析手法の組み合わせ、言ってみれば「いいとこどり」によって、アウトプットを導出することになるのだが、とはいえこうしたことは実際に自分でもやってみて、思考実験を繰り返すことでしか身につかないだろう。

そこで次章からは、ここまでに説明した思考法や分析手法を、ビジネスパーソンが実際に直面するであろう「問い」に当てはめるケーススタディ形式で学んでいくことにしよう。

第4章

未来予測ケーススタディ1
将来有望な職種・スキルとは？

2アウトサイド・イン思考&フレームワーク分析、3システム思考、5マトリックス分析を組み合わせた未来予測の技法この章からは、前章までに解説した未来予測の手法を現実の世界にどのように当てはめていくかを、「職選び」「マーケティング」ほか、世のビジネスパーソンが実際に直面することが多そうな課題を取り上げてケーススタディを行っていく。それぞれのケースで未来予測に取り組む「主人公」には、実在する、ある家族をモデルにした架空の一家の、３人のきょうだいに登場してもらうことにしよう。

あくまでケーススタディとして行うものなので、現実の家族の会話としては、いささかリアリティに欠ける点もあるかと思うが、どうかご容赦いただきたい。

本章の主人公・上田奈美（19歳）

東京都内にある私立文系大学の2年生。西暦２０００年以降に成人した「ミレニアル世代」に後続する「ポスト・ミレニアル世代」に該当する。大学には、東京都郊外の某市にある実家から通っており、自衛隊で情報分析の仕事を長く手がけて定年退職した父、専業主婦の母と同居している。上には兄と姉がひとりずついるが、2人は独立してすでに働いている。来年には就職活動を控えているが、奈美の悩みは意外と根が深いようだ……。

戦略テーマと「問い」を設定する

奈美「……はあ……」
父「どうした？　ため息なんかついて」
奈美「自分の将来のことよ。テレビで言っていたんだけど、私たちの世代では、平均寿命がもはや100歳以上になる可能性が高いんですって！　自分が100まで生きるのかと考えたら、なんだか急に憂鬱（ゆううつ）になってきたわ」
父「『人生100年時代』か。羨（うらや）ましいな。けっこうなことじゃないか」
奈美「長生きしていいことばかりならね。でも少子高齢化はすぐには止めようがないし、私たちが高齢者になる頃には支えてくれる若者が極端に少なくなっているかもしれないじゃない？　現役世代のうちは、自分たちより上の世代の年金のために給料からたっぷり引かれても、いざ自分が年をとったら年金が貰えるかどうかなんてわからない。消費税だって、OECD（経済協力開発機構）は日本が財政再建するには税率20～26％まで引き上げる必要があると言っているからもっと上がる可能性があるわ。そんな状態では老後の資金を貯めるどころか、普通に生活していくのさえ厳しいんじゃないかなあ」
父「東京都は2040年代の社会を想定した『都市づくりのグランドデザイン』を発行し

ているけど、たしかにこの予想だと東京都の人口も２０２５年から減少し、２０４０年には都民の３人に一人が高齢者になるそうだ。
ただ、この都市計画だと東京は世界有数の国際都市となり、高齢化しても地域全体で子育てや介護に取り組む態勢が整うし、『ゆとり』や『質』を重視したシェア経済やテクノロジーによって環境整備が進む、とあるよ。創造的な芸術・文化活動が盛んとなり、自然災害にも負けない強靱なインフラやＡＩによる自動運転技術が人の暮らしを支えるという、明るい未来が描かれている」

奈美「何より恐いのはそのＡＩよ！　ＡＩが急激に進歩したおかげで、これまでは人間がやってきた仕事の大半はロボットに奪われるって沢山の人が予測しているわ。英オックスフォード大学のマイケル・Ａ・オズボーン准教授なんて、今後10～20年程度で、米国の総雇用者の約47％の仕事が自動化されると予言してるのよ。１００歳まで生きるかもしれないのに年金は貰えず、かといって仕事もないではホントにお先真っ暗だわ。その東京都の理想像は、いくらなんでも非現実的じゃないかしら？」

父「いや、この東京都の『都市づくりのグランドデザイン』はまず理想的な社会を想定して、そのためには今から何をするべきかを示すバックキャスティングというシナリオ手法によるものなんだよ。だから都民の不安を掻き立てないよう公開されていないだけで、実際にはこれとは正反対の、うんとシビアな未来予測もしているはずだよ。危機管理という立場から危機的な未来シナリオを描くことは行政にとって極めて重要なことだからね」

奈美「シナリオ手法……。お父さんの専門分野ね。そういえば、私も以前基本を教えてもらったことがあったっけ」

父「そうだ。だから未来を過度に楽観視するのはよくないが、悲観して投げやりになるのはもっとよくない。未来は、これから社会の実際の担い手になる奈美たちの世代が創り、変えていくものだという意識を持たないといけないよ。適切な対策によって悲観的な未来予測が覆（くつがえ）った例など腐るほどあるのだから。

それにね、予測というのは基本的に自分自身に関係あることを予測していればいいのであって、100年後の未来を予測することにあまり意味はないよ。アフリカや南米の政治情勢がどうなるかなんてこともよほどのことがないかぎり役に立たないのだから」

奈美「……そうね……。じゃあお父さんは、私は具体的に今から何をするべきだと思う？」

父「『自分が何をしたいのか』という戦略テーマを設定することだね。そしてその戦略を決定するには、まず『自分は何を知らなければならないのか』という『問い』を明確にしなくてはいけない。戦略テーマに適応した『問い』を設定することは一番重要なことなんだ。奈美の場合、目下最大の心配事は就職だろうけどね」

奈美「そうよ。でもそれだって今はお父さんの時代のように、新卒で大企業に入ったからといって終身雇用が約束されているわけじゃないじゃない？　何歳までに家を買って、何歳までに結婚して子どもを産んで……なんて人生設計が立てられる世の中じゃとっくになくなっているわ。ただ、見方を変えれば転職のチャンスもそれだけ広がっているということでもあるわけだし、いま焦って就職先を決めなくてもいいような気もするのよね……」

父「いや、いずれ転職するにしても、最初の選択肢は重要だよ。そこでちゃんとキャリアを積むことが先々のスキルアップでも有利になるんだからね。……そうだ。奈美はどのような職業を選択して、どんなスキルを身に着けるべきかを戦略テーマに設定してごらん。この場合、戦略テーマに対する『問い』は『わが国の未来の職業環境はどうなっているか？』に設定することになるね」

奈美「それをやることで、今のこのモヤモヤが解消されるなら、やってみようかしら……。そういえばお父さん、以前私に未来予測の手法を教えてくれた時、『肝心なのは、時間軸を設定することだ』と言っていたわよね？」

父「そうだ。時間軸は戦略テーマによって異なるからね。企業のM＆Aなどでは、相手側企業の業績を最低でも1年先まで予測する必要がある。安全保障などの情勢・情報見積りの場合は装備開発に長い年月がかかるから、最大で20年くらいまで先を読むこともあるね。いずれにしても未来予測は、『ほぼ確実にやってくる未来』を中心に『不確実な未来』を、つまり『既知の領域』に『未知の領域』を組み合わせるやり方が一般的なんだ。最近多い『未来予測本』は大体どれも人口構造の問題を主題にしていて、最大で20年先くらいの未来予測をしている。これは女性の出産可能年齢などの関係から、20年後の人口構造はほぼ予測可能な指標と見られているからだろうね。

　奈美の『問い』は個別具体的なものではないから、とりあえず２０４０年頃に時間軸を設定したらどう？　２０４５年にはシンギュラリティ（技術的特異点）といって、ＡＩが人間の能力を超える可能性も指摘されている。さすがにそこまで行ってしまうと、もはや未来の職業環境なんてものは現時点では予測不可能だしね」

奈美「２０４０年ね。ＯＫ。やってみるわ」

アウトサイド・イン思考&フレームワーク分析を使う

父「ひとつ助言しておくと、今日のような変化が著しい社会の未来像を予測する場合、まずは世の中の外部環境を幅広く捉え、そのトレンドを見極めることが重要だ。このためには、**アウトサイド・イン思考**に基づく**フレームワーク分析**を使うといいよ。

アウトサイド・イン思考は自社の戦略や戦術を立てるにあたって、業界や自社のことではなく、まず世界市場などの大きな外部環境に着目する思考法のこと、フレームワーク分析とは、発想の枠組み（フレームワーク）を設けることで自分自身に強制的にアイデアを出させる分析手法のことだ。この2つを組み合わせることでより正確な現実認識ができるようになるんだ。

実業界で最近よく活用されているフレームワークはPESTやSEPTEmberだ。ただ奈美の場合はまだ、国際政治情勢や経済情勢、科学技術などに関する基礎知識がないからね。『外部環境を把握しろ』といわれても、何から始めればよいか、どんな本を読めばよいのかわからないと思う。

そもそも世界各国のシンクタンクが多額の資金をかけて、高名な専門家を集めて探らせている世界のメガトレンド（大きな潮流）やドライビング・フォース（推進力）を、素人が一朝一夕で特定するなんて土台無理なことだ。だから奈美の場合は、シンクタンクなどが公開しているプロダクト（レポートや書籍などの形式ですでに発表された未来予測）をフレームワーク分析の参考にするべきだろう。

米国国家情報会議は4年ごとに、米国を中心とした世界の未来を予測する中・長期レポートである『グローバル・トレンド』を発表している。

これ以外にも、未来予測を扱った『ワーク・シフト』『グローバル・トレンド2030』『The Economist　2050年の世界』『シフト――2035年、米国最高情報機関が予測する驚愕の未来』などの良書が出版されているので、これらを一度、さらっと読んでみると参考になるはずだよ」

奈美「『ワーク・シフト』は知ってる。ロンドン・ビジネス・スクールのリンダ・グラットン教授の本よね？　いい機会だから、他のも含めて読んでみるわ」

（1週間後）

奈美「お父さん、この前お父さんが紹介してくれた本のほかに、インターネットでも役に立ちそうな記事を探して読んでみたりしながら、私なりに世界のメガトレンドをＳＥＰＴＥｍｂｅｒの項目に基づいて整理してみたわ」

父「ほう。どれどれ」

奈美「初心者なんだから、うまくできていなくても厳しいこと言わないでよ？　じゃあ発表します」

【奈美が整理した世界のメガトレンド】

◇S（社会）人口構成の変化

・人口は世界的な規模で増大していく。特にアジア、アフリカ地域の増加が著しい。

・その一方で先進国では人口が減少し、少子高齢化が常態化していく。特に日本は少子高齢化が急速に進む。

・世界的に都市への人口集中が顕著になっていく。

◇E（経済）グローバル化

・世界のグローバル化が進展して、ヒト、モノ、カネ、情報の国境を飛び越えた流通が常態化する。企業の海外進出や資源の共同開発がさらに進む。

・労働市場における移民、外国人労働者の活用が拡大する。

・旅行者の往来、ＩＣＴ（情報通信技術）の進化による情報網の拡大が新たなビジネスを生む。

◇P（政治）国際秩序の変化

・米国一強体制から、中国・インドなどの新興国の台頭により世界は多極化に向かっていく。

・国家に対する個人の権限付与がより増大し、ＮＧＯやグローバル企業の権限と発言力が高まっていく。

・ＩＴ技術の発展により、テロ集団や過激派の活動が活発化する。

◇T（テクノロジー）テクノロジーの進化

・テクノロジーは確実に発展し、ICT、すなわちAIやIoTなどの進化で経済の活性化のほか、社会生活における利便性向上、平均寿命の上昇などの影響をもたらす。
・AIの進歩が人間の道徳・倫理上の問題を引き起こしたり、一部の職業を奪ったりという負の影響をもたらす。

◇E（環境）資源・環境問題の深刻化

・経済活動のグローバル化と人口増加によりエネルギー、食糧、水などの資源所要量が増大する。
・シェールガスの開拓、代替エネルギーの開発が進み、深刻なエネルギー危機は回避される。
・地球温暖化などの気候変動に対し、世界各国は協調して環境問題への規制強化に取り組む。ただし、規制強化で環境問題がどの程度まで改善されるかは不透明である。

奈美「……どうかしら？」
父「いや、なかなかうまく、コンパクトにまとめたね。紹介した本は全部読んだのかい？」
奈美「……ううん、ごめんなさい。全部は読めなかった」
父「全文を精読できるなら読むに越したことはないが、それでも構わんさ。往々にして初学者はこの種の書籍を通読しようとして挫折してしまいがちだけれど、目次だけでも拾い読みすれば効果がある。むしろ最初に目次に目を通して、そこからその内容を想像した後に拾い読みをした方が効果的かもしれないね。

紹介した本の一つに米国国家情報会議がまとめた『グローバル・トレンド２０３０』（邦題＝『２０３０年　世界はこう変わる　アメリカ情報機関が分析した「17年後の未来」』）があったけど、その序文でジャーナリストの立花隆さんが、『読む前に全体の構造をしっかりと摑む』、『各章の前書き部分をまずしっかりと読む』の2つの点を推奨していただろう？　まさにそのとおりだと思うよ。

複数の信頼できる筋から出版された書籍から、ざっくりとメガトレンドを摑む、これが未来予測を行う上での基礎になるんだ」

奈美「たしかに、紹介された本を半分読んだだけでも、世界のメガトレンドをだいたい理解できた気がするわ。でもお父さん、このことは私の就職にどう影響するの？」

父「世界のメガトレンドは日本の政治、社会、経済、技術、環境などにも当然影響はするだろう？　そこから分析していけば、未来においてニーズが高まる職業も、逆に不要になる職業も見えてくるはずなんだ」

奈美「そうか。私が知りたい『未来で有望な職業』は世界のトレンドが日本社会にどう影響を与えるかで変わるけど、それを考察するには、まずメガトレンドの構造そのものを把握しておくほうが早道ってことね？」

父「そうだね。奈美がＳＥＰＴＥｍｂｅｒに基づいて抽出したメガトレンドはいずれも単独で現出しているものではなく、互いに影響を及ぼし合うものだ。

　だから、そこにあるなんらかの相関関係なり、因果関係を鳥瞰（ちょうかん）的に見ることで、世界の構造がどのようになっているか、つまりトレンドを形成しているドライビング・フォース（推進力）が何かということが明らかになる。また、このことを明らかにすることで、はじめてわが国の未来に及ぼす影響を見ることが可能となるんだ。

　このように物事を鳥瞰的に見ることを**システム思考**というんだ。この思考法は情報分析におけるあらゆる局面で必要とされるものなんだよ。

　だから奈美も一度、世界的な人口増加という点を意識して、世界のメガトレンドを鳥瞰的に見るための構造図を描いてみることを薦めるよ」

奈美「だんだんわかってきた。じゃあさっそく作成に取り掛かるわ」

（2日後）

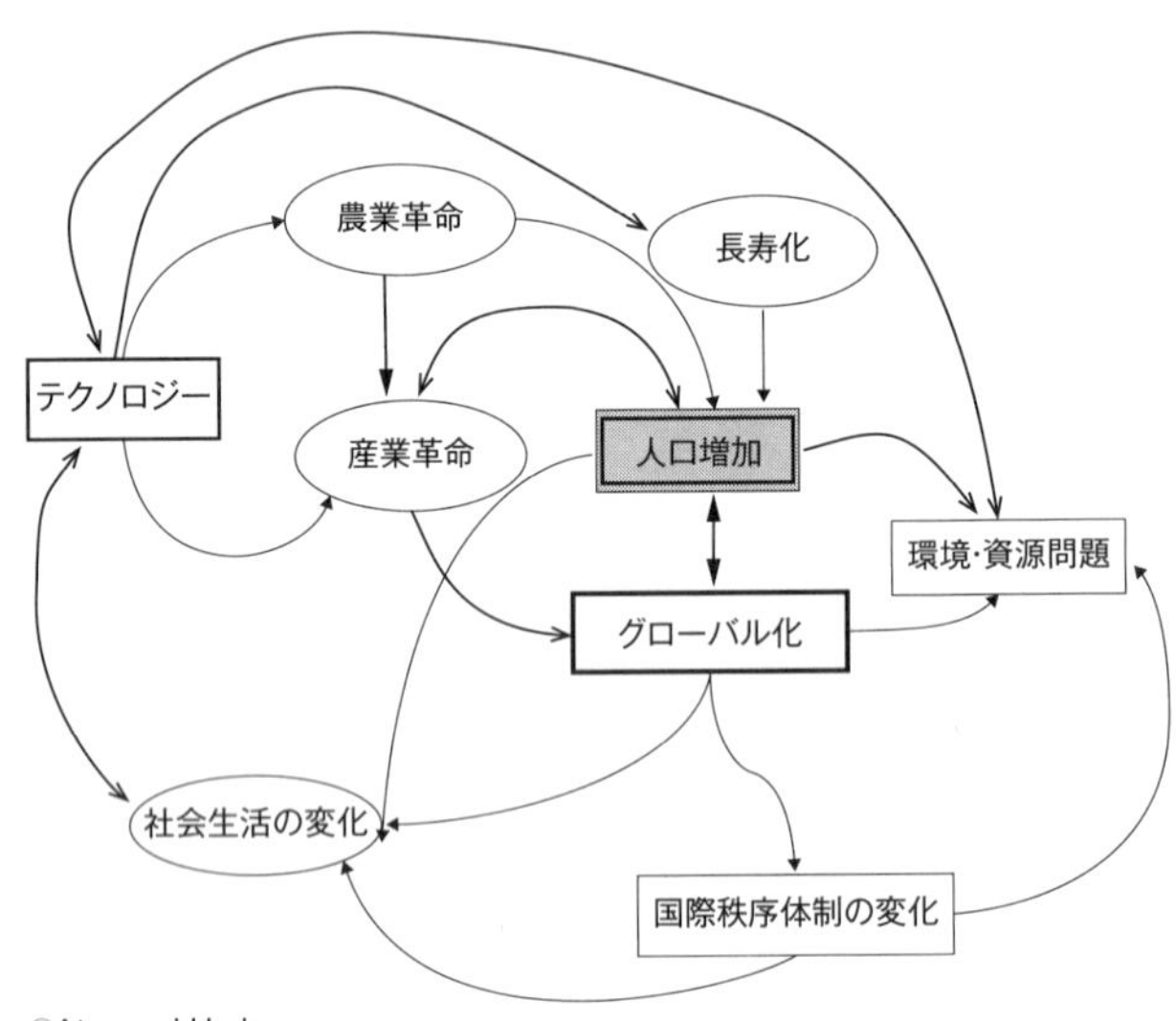

©Atsumori Ueda

父「構造図、できたかい？」
奈美「できたわ」
父「**ループ図**か！　どんなことを考えながらこれを描いたのか、教えてくれるかい？」
奈美「まず、『現在の世界的な人口増加の傾向は、何によって始まったのか』を考えてみたの。そこで各種の人口統計グラフを見てみたんだけど、その結果、世界の人口は18世紀半ばから飛躍的に増加していたことが確認できたわ。

そこで当時の世界でどんなことが起きていたかを調べ始めると、この頃にイギリスで農業革命が起こり、農業生産が著しく向上したことがわかった。それが西欧全体に広がって人口増加をもたらしたのね。農業革命はさらに都市の発展と産業革命の引き金にもなり、これによって労働力のさらなる需要増と、都市部への人口集中という現象を促した」

父「今の話を単純化すれば『新農具や新作物の導入』『道具から機械へ』といったテクノロジーの進化が人口増加を促した。そういうことだね？」

奈美「ええ。それ以外にもテクノロジーは医療技術の進歩を促したんだけど、これによって幼児死亡率が低下し、世界的な長寿化の傾向を増幅させたことも人口増加を促したの」

父「なるほど。で、その後は？」

奈美「産業革命と人口増加はグローバル化を引き起こしたわ。膨張した人口が資源の獲得や世界市場の獲得を求めて、ボーダレスな人口移動を引き起こしたせいね。でも一方でこうした現象は資源をめぐる争いや環境問題をも深刻化させていったわ。

経済や情報のグローバル化が国家の枠組みを超えることで、情報革命を引き起こし、冷戦構造を崩壊させ、現在の混沌とした国際秩序体制をもたらし、このことがさらなる資源・環境問題の深刻化をもたらしているのね。

テクノロジーの進化によって、人々は豊かで利便性の高い生活を営めるようになったし、こうした社会生活の変化がさらなるイノベーションや、テクノロジーの変化をも促している。一方でグローバル化が生み出した環境問題を解決するには、同じくグローバル化が生み出したNGOや多国籍企業の役割が重要だわ。そして食糧危機や環境問題を解決する手段としてのテクノロジーだって、さらなる進化が必要になるわ。

そう考えれば、まずはテクノロジーの進化、そして次にグローバル化が今日の国際的なメガトレンドを形成してきたドライビング・フォースということになるんじゃないかしら？　だってドライビング・フォースって世界に影響を及ぼす力という意味でしょう？だからこの2つが、未来の世界の潮流を形成していく二大要因ということになると思う」

父「頑張ったじゃないか。構造図を作成することが目的ではなくて、その作成過程こそが重要なんだよ。自分の頭の中に浮かんだことを、一つのシステムとして理解する。これが、多角的・多層的な思考へとつながるわけだからね。

ここで若干の付言をしておくと、米国の国家情報会議（NIC）や世界のシンクタンクなどは、世界はさらにグローバル化が進むと見ている。しかし先進国においてはグローバル化によってテロが増加したり、難民の流入で治安が悪化したり、国民の仕事が奪われたりといった事態が起こっていて、それにより米国では極端な保護主義を掲げるトランプ政権が誕生したり、イギリスでもEU離脱（ブレグジット）が国民投票で可決されるなど、反グローバリズム的な揺り戻しも起きているね。

しかし、保護主義による貿易摩擦が生じれば世界経済が大きな影響を受けるし、安い輸入品を締め出せば、自国の中間層の消費者の暮らしだって圧迫される。世界的なネットワークやサプライチェーンが分断されれば生産性も落ち込む。

だから、父さんは一時的な保護主義の揺り戻しはあってもグローバル化の波を遮断するまでには至らないだろうと見ているんだけど、いずれにしてもこの動きは未来予測において無視できないね。

他方でテクノロジーの進化はすさまじいものがあり、その勢いが止まることはおそらくないだろう。今や『第四次産業革命』の時代にあるとさえ呼ばれ、さまざまなICTが進展し産業化する前兆がある。それらが商業ベースあるいは個人生活に普及する時期がいつで、どのような様相を呈するのか、などについては不透明な点も多いけどね。

いずれにせよ、こうしたグローバルなメガトレンドは日本にもたちまち波及するだろうし、それらの対策を躊躇(ちゅうちょ)していると事態の深刻化を招くことになる。だから、変化を先読みして意思決定を迅速にすることが国家、企業、個人の各レベルで必要になっているんだ。

ところで、私がこれまで携わってきた国家安全保障に従事する大方の人たちの間では、いかにテクノロジーやグローバル化が進展しようとも、今後数百年において国家、民族の境界線が抹消されることはないとの見方が主流だった。でも最近、経営コンサルタントの方々と接したり、ＩＣＴやＡＩの専門家が書いた著作を読むようになって、これとは別の考え方をする人たちが本当に多いことに気が付いたよ。

たしかにインターネットやスマホの登場によって、かつて国家が独占してきた情報に一般の人でもアクセスし、入手して利活用できるようになっている。だから彼らは、もはや国家、民族の枠組みは意味がなくなって世界は分散型社会システムへと変貌し、グローバル企業が国家を超える存在として公共事業にまでどんどん侵食してくるのでは――と見ているんだ」

奈美「ＩＣＴ化やグローバル化の加速は既定路線であるにしても、それを積極的に肯定する立場の人と消極的に容認している立場では、それぞれが予想する未来の社会構造も大きく違ってくるというわけね？」

父「そうだ。だから父さんも奈美から見れば、発想の転換ができない、旧態依然とした思い込みに囚(とら)われている石頭に見えるかもしれないね。ただね、哲学の世界では、『変化』には必ず『否定が伴う』と言われている。ヘーゲルの弁証法では命題（テーゼ）には反命題（アンチテーゼ）が提示され、最後にこの２つの矛盾を解決する統合された命題（ジンテーゼ）が提示される。そして、このジンテーゼは『螺旋(らせん)的発展』によって出現するとされているんだ。

だから父さんは、テクノロジーの進化により国家、民族の枠組みが急激に消滅するという予測には与(くみ)しないよ。おそらく、その弊害を懸念する国家政策が牽制(けんせい)力として働き、矛盾を解決するためのさまざまな葛藤や揺れが生じると見ているんだ」

奈美「そうね。ブレグジットの問題にしてもその『葛藤』の一つのような気はするわね」

父「さらにいえば、データ資源や個人情報が自由に行き交うネット空間に『国境線』が引かれ始めて、大手IT企業が重要情報の保管場所を、英国や監視が進む中国から変更するといった状況だって現れ始めているよね。だから父さんは、国家対グローバル企業の競合という状況がもうしばらくは継続する可能性が高いと見てもいるよ。

つまり父さんが言いたいのは、ICT化あるいはグローバル化というドライビング・フォースだけを過度に重視して『国民国家の役割がなくなる』などと短絡的な未来判断をするのはどうなんだろう？　ということなんだ」

奈美「なるほどね。『いま人間がやっている仕事の大半がAIに奪われる』という私の心配もそう考えればちょっと短絡的なのかも」

父「『物事を見る』『課題を設定する』『課題を解決する』といった知的作業においては、物事の二面性や多面性に心を配らなければいけない。だからこそアウトサイド・イン思考やSEPTEmberなどのフレームワークを活用したバランスのある情報分析が重要なのだ、と父さんは思うよ」
奈美「わかった。注意するわ」

マトリックスによる影響分析——世界のトレンドが日本に与える影響とは

父「じゃあここからは、わが国の未来の職業環境を考えていくことにしよう」
奈美「これまでお父さんから教えてもらった内容を踏まえて、世界のトレンドが日本とその職業環境に及ぼす影響を考えればいいのよね？　世界のトレンド→わが国への影響→職業環境への影響というように外部環境から内部環境に落とし込んでいくわけね」
父「そう。さっきも言ったけど、こういう思考法をアウトサイド・イン思考という。グローバル化された社会では、思いもよらないことが自分の問題として降りかかってくるからね。またそうした影響には必ずプラスの側面もマイナスの側面もある。これを対比して認識するにはマトリックス図（**マトリックス分析**）が便利だよ」
奈美「マトリックス……というと、たしか、データや選択肢が膨大かつ複雑で、可視化しなければ概念が捉えられない場合に有効な手法だったわね」
父「抽象度を上げたり、下げたりして整理・統合に心掛けながらマス目を埋めていく。その際に、自分が設定した『問い＝２０４０年頃のわが国の職業環境』にあまり関係がないと思われるものはどんどん切り捨てていけばいい。ただ、初めから切り捨てるのではなく、まず考えて切り捨てなくちゃダメだよ。こうした作業を行うことで、未来における職業環境への影響が見えてくるはずだから。

この作業をする上では各省庁の白書や自治体の刊行物が便利だね。目次やタイトル、図表を中心に拾い読みし、興味のある箇所だけじっくり読んでみるというスタイルで構わない。省庁によって、同じ単語のことをＩＣＴといったりＩＴといったり表現にバラつきが見られるし、切り口もやや異なるが、書いてあることはほとんど大差はないのであれこれ読む必要はない。自分にとって興味がある、読みやすいものを2～3冊選んでざっと読んでみればそれでいいよ」

（3日後）

奈美「完成したわ！」

父「ふむ。じゃあ説明してみてくれ」

奈美「マトリックスの縦軸にはＳＥＰＴＥｍｂｅｒの各要素、横軸には重要な前提（確実性の高い未来)、プラスの側面(光)、マイナスの側面(影)を設定して、それぞれのマス目に要点を書き込んでいったの」

父「これを元に、世界のトレンドがわが国に及ぼす影響、すなわち2040年頃のわが国のトレンドを予測したわけだね。これをすることで、何が見えてきた?」

奈美「うーん。正直困ってるわ。このマトリックス表から何が言えるのか……つまり、このマトリックスから読み取れることを、未来の職業環境にどう落とし込めばいいのかちょっとわからないの。戦略テーマである私自身の職業選択や高めるべきスキルを決めるのに、どう役立てればいいのかもよくわからないわ」

父「そうか。ではよく見てごらん。『重要な前提』を固定して考えると、このマトリックスで単純に組み合わせを考えれば、プラスの側面、マイナスの側面それぞれ5つずつで合計10個の未来図が描かれることになるね。つまり、最も悲観的なシナリオと最も楽観的なシナリオの間で複数のシナリオが複雑にからみあったような動きになることが予測される。それはわかるね?」

奈美「ええ」

父「この際に重要なことは、前にも話したように、より確実に到来する未来を軸として未来を予測していくことだ。ここで確実性が高いものといえば、テクノロジーがさらに進化

SEPTEmber	重要な前提	プラスの側面（光）	マイナスの側面（影）
人口構成 （S）	□人口は世界的な規模で増大。とくにアジア、アフリカ地域の増加が顕著 □先進国では人口が減少し少子高齢化が常態化。とくに日本は少子高齢化が急速に進展 □世界的に都市への人口集中が顕著	○人々は長寿化と健康寿命の伸長により豊かな人生を享受 ○テクノロジーの発達により高齢者の社会進出は加速し、老後資金は豊かに	●少子高齢化による労働力不足が発生 ●長寿化により社会保障費が増大し年金制度や保険制度が崩壊 ●若年者に対する税の負担が増大 ●高齢者の医療・介護の需要の増大と若年者に対する医療・介護のしわ寄せが発生 ●都市部への人口流出により、地方では限界集落、公共交通の廃止などの問題が生起
グローバル化 （E）	□世界のグローバル化が進展してヒト・モノ・カネ・情報のボーダレスな流通が常態化 □企業の海外進出や資源の共同開発などが進展	○海外拠点を持つ日本企業が国家繁栄にプラスの影響を付与 ○移民・外国人労働者が少子高齢化の労働力不足を補填、新たな視点・価値観がイノベーションを創出 ○外国人旅行者の増大により地方創生のチャンスが生起（インバウンド） ○海外の安価な食料品が調達可能となり、生活費が節約	●わが国の優秀な人材が海外に流出することでイノベーションが停滞 ●人材流出により、わが国の農業、漁業、林業、零細企業に対する危機感が増大 ●巨万の富を築く一握りの世界企業のなかで、わが国の貧困層が増大（二極構造の発生） ●国際的なサプライチェーンの複雑性により、金融危機が連鎖して自国経済が深刻な打撃 ●ヒト・モノの流通でパンデミックの脅威がわが国で増大 ●ICTの発達により個人情報が漏洩
国際秩序 （P）	□米国一強体制から、中国・インドなどの新興国の台頭により世界は多極化の方向に前進 □国家に対する個人のエンパワーメントが増大、NGOやグローバル企業の権限と発言力も増大 □IT技術の発展により、テロ集団や過激派の活動が活発化	○中国・インド及び東南アジアなどにおける市場の巨大化はわが国の輸出を活性化	●不透明な国際秩序が、少子高齢化による労働力不足と相まって防衛・警察・消防機能に支障をきたす ●北朝鮮、中国、テロなどの地政学リスクが防衛費を増大させ経済成長や社会福祉繁栄を制限 ●米中貿易対立が経済危機を招来
テクノロジー （T）	□バイオ、ハイテク、インフォメーションの各領域のテクノロジーが確実に進展	○あらゆる領域における社会生活の利便性が向上。特に、モノのインターネット（IoT）は交通管理の最適化や高齢者の体調管理、電力使用量の調整など、わが国のスマート社会実現に貢献 ○企業の生産性が向上してわが国の経済が活性化 ○ビッグデータ、クラウドの発展による情報入手やオンライン教育により、ICT人材の育成可能 ○消費経済からシェア経済へと転換し低所得での充実ライフが可能	●ビッグデータとアルゴリズムの組み合わせにより、プライバシー侵害という社会問題が生起 ●バイオテクノロジーの発達が食の安全性や人間倫理の問題などを生起 ●ハッカーにより大規模な情報・インフラ遮断や副次的な事故が発生 ●ICT、AIビッグデータが一部の人間の職業に代替
エネルギー・食糧、環境問題 （E）	□経済活動のグローバル化と人口増加によりエネルギー、食糧、水などの資源所要量が増大 □シェールガスの開拓、代替エネルギーの開発が進展し、深刻なエネルギー危機は回避 □地球温暖化などの気候変動が予測され、世界各国およびグローバル企業は協調して環境問題への規制強化や取組みを推進（環境問題の深刻化のレベルは不透明）	○環境保護を通じた国際協調の推進 ○わが国の先端の環境ノウハウや産業の輸出による経済効果 ○代替エネルギー、クリーンエネルギーなどの新たな事業ニーズが創生、林業等の衰退産業の復活 ○中東の石油価格安定がもたらす経済および生活への恩恵	●水資源などを巡る地域紛争が増大 ●わが国の周辺国における公害の深刻化がもたらすゴミの流入、空気汚染、パンデミックの波及 ●地球温暖化に伴う異常気象、災害発生による人的被害および経済打撃

する、そして少子高齢化は避けられない、ということだよね？

そして、世界のトレンドの構造を分析した時と同じように、システム思考によりループ図などの構造図を描いて、全体像を理解していく。するとテクノロジーの進化は少子高齢化を平均寿命の上昇を助けるという意味で促進するものの、一方で高齢化対策、労働力不足などの〝負の影響〟を解消するためには、テクノロジーのさらなる進化によって生産性の向上を図る必要がある、といったような連鎖関係が明らかになると思う」

奈美「なるほど。そのとおりね」

父「さて、作成したマトリックス表から、ＩＣＴが急速に高度化・多様化する、あるいはＡＩが発達してある種の職業に代替するなど、未来の職業環境を示唆するキーワードが読み取れるよね？

ただし、未来の職業環境に影響を及ぼすドライビング・フォースはＩＣＴだけではないし、ＡＩがどのような種類の職業にとって代わるかということも不透明だ。まだ、『２０４０年の職業環境はどのようになるか？』という『問い』のアウトプットは出せないね。

ところで、奈美は『職業』ってそもそも何だと思う？　この言葉の意味を辞書的に説明できる？」

奈美「え!?　そんなことをあらためて言われると、ちょっと困るわ……。待って、スマホで調べてみるから。えーと、『デジタル大辞泉』によると職業とは、『生計を維持するために、人が日常従事する仕事。生業。職』。ウィキペディアには学生や主婦も便宜的に職業とみなすこともある、って書いてあるわね」

父「そうだね。じゃあ『業種』は?」

奈美「『商業・工業などの事業の種類』。小さく分類すれば1000以上ある。大きく分類すると19に分類(総務省統計局)され、たとえば農業、漁業などは業種である……。へえ、出版業は情報通信業に分類されるんだ。

さらに『「職業・職務の種類」を職種という』。医師とか営業マン、受付、記者、教師、パイロットなどは厳密には職種なのね」

父「つまり、職業とは業種や職種を包括した概念だということだ。だから、『あなたの職業は?』と訊かれた場合、正確を期すなら、『情報通信業の記者です』『不動産業の営業職です』『教育業の小学校教員です』などと答えなくてはいけないということだね。

いま、少子化で義務教育課程の教員採用数が減少したり、AIがタクシードライバーなど運転関連の職業を奪うなどということが盛んに言われている。

でもその一方で、教育業ではICT化対応教育が必要になるし、離隔オンライン教育なども活発になるだろう。ドローン運転の技術者といったニーズも新たに生じるはずだ」

奈美「そうね。営業職でも、インターネット販売がこれだけ盛んになっているから、『製造業の営業職』はなくなるかもしれないけど、不動産などの個性的で高価な物品は現物を見て買うことが多いのであまりマイナスの影響はないかもしれない。製造業と不動産業の営業職を〝十把一絡げ〟にするわけにはいかないかもしれないわね」

未来において高まる職業ニーズとは？——システム思考により構造図を作成する

父「このように、職業とは意外と広範多岐にわたる概念なんだ。だから、世界のトレンドや日本のトレンドが未来の職業環境にどのような影響を及ぼすかと問われても、『各種各様だ』と言わざるを得ない。だからといって『タクシードライバーは２０４０年頃には自動運転車輛の普及で消滅するか？』といったように、個別具体的な事象を抽出して、一つ一つ分析していてはキリがない。

ただ前に話したように、自分の未来は自分で切り開くのであり、未来とは予測する本人に何らかの関連性があるもののことなんだ。

だから、自分の適性や希望から、ある程度の職業選択の幅を絞り、それが未来の環境からどのような影響を受けるか分析するという方法がある。

文系の奈美がいきなりＩＣＴ関連の設計や開発に携わるのは無理だろうし、ＩＣＴ医療にかかわる医師にもすぐにはなれないだろ？　農業や漁業にも興味はないようだし、芸術家にもなれないよね。

まあ、この点はあとで考えることとして、まず世界やわが国のトレンドが、どのような職業ニーズを生み出すのか分析してみよう」

奈美「いくら自分がやりたくても、未来ニーズがあまりない職業を選択しては仕方ないものね。それはわかっているわ」

父「じゃあそのニーズの分析のために、**関連樹木図**を作成してみよう。関連樹木図は現状の背景要因と未来への発展方向を図式化できる手法だ。決してポピュラーな分析手法ではないけれども、父さんは防衛省・自衛隊で情報分析に関する教育を担当していた時に、受講生の隊員たちに周辺国の関連樹木図を繰り返し作成させていたんだ。隊員たちにはなかなか好評だったよ。関連樹木図の描き方は、覚えてるかい？」

奈美「ここまで分析して導き出したトレンド、つまり『テクノロジー』や『グローバル化』を土壌に見立てた場合、そこからどういう木が生えるか……。未来の職業環境に影響を及ぼす、という意味ではいろんな『木』が考えられるけど、私が思うに、日本において『ほぼ確実に起こる未来』でもあり、市場に大きな影響を与える『少子高齢化』という幹をもつ木を設定してみようかな。この木の根っこには、少子高齢化の原因になるものを表現できればいいのよね？　そして幹から発生する枝が影響力、そしてそれらの枝の先に生える葉っぱが、すでに顕在化している現象だったり、あるいは今後顕在化するであろう未来事象……。あ、そうか！　この木の枝や葉っぱが、未来の職業ニーズに相当するってことかな？」

父「だいたいそのような理解でいいだろうね。じゃあ、関連樹木図の根っこを特定するために、**ロジックツリー**を活用して分析してごらん。ロジックツリーは、回答を論理的に抽出するために使うんだ」

奈美「うーん。少子高齢化は『長寿化』と『少子化』に分けてみようかな……。長寿化は医療技術をはじめとするテクノロジーの進歩や経済発展が主要原因だろうけど、少子化はそれとは全く原因が別だろうから。

　少子化の場合、男女の生涯未婚率の増加や、平均初婚年齢の上昇は当然原因の一つよね。あと、望まない妊娠をした女性がシングルマザーになる覚悟をもてないとか、世間の冷たい目を意識して人工妊娠中絶を選びがちなことも原因なんじゃないかしら？

　日本ではシングルマザーに対する風当たりが未だに強いし、行政による支援も薄いのが実情よね。でもその点フランスでは、政府がシングルマザー世帯に対して手厚い支援を行うようになって少子化傾向が止まったそうよ」

父「なるほど。では、さらにそれらの原因を遡（さかのぼ）るとどうなる？」

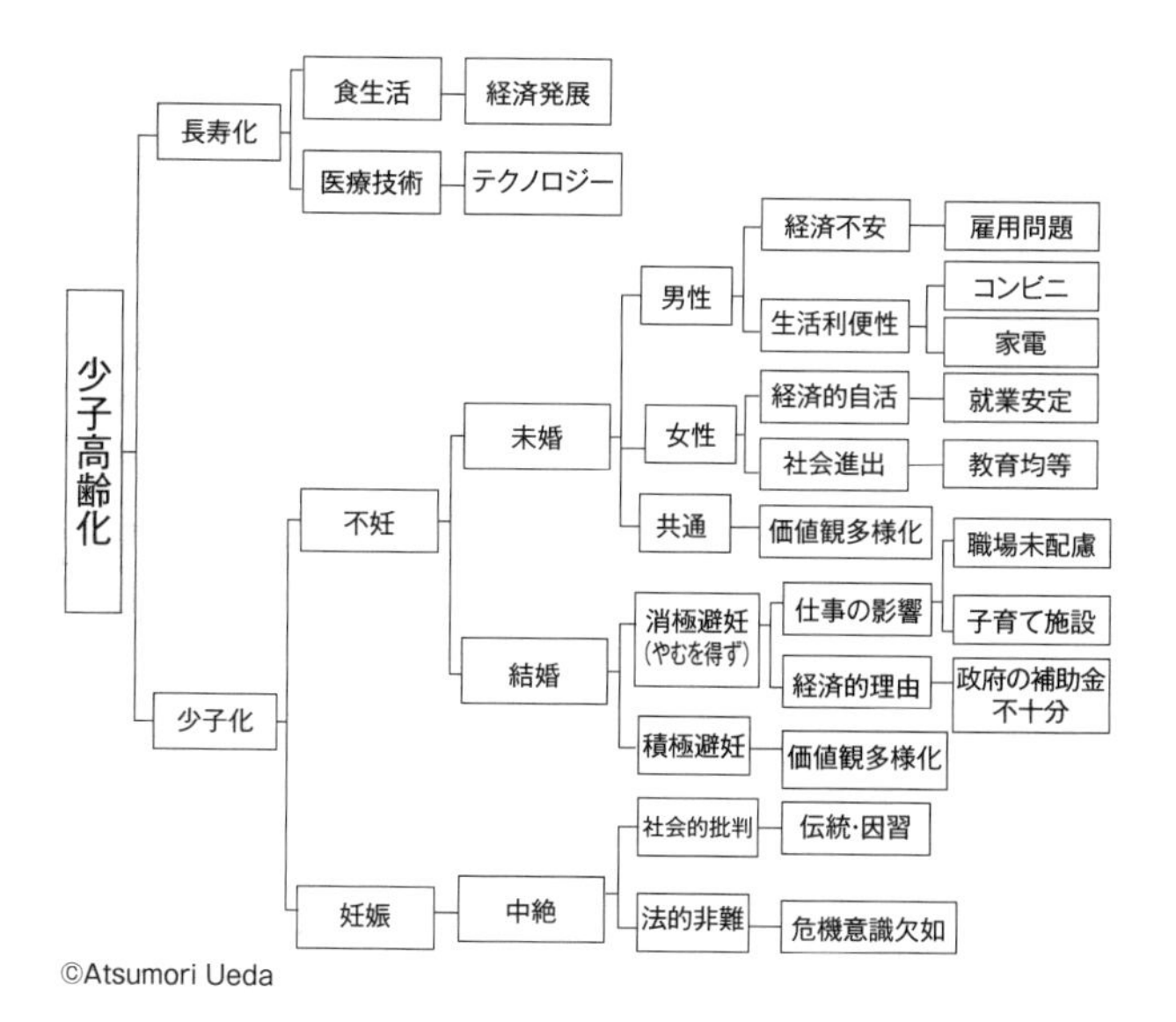

©Atsumori Ueda

奈美「生涯未婚率の増加や平均初婚年齢の上昇の背景には経済・雇用問題、つまり経済の低迷で若者の雇用環境が悪化していて、なおかつ賃金が上がりにくくなっていることがまず考えられるわね。

あとはコンビニなどの普及で生活利便性が向上したことで結婚の必要性を昔ほどには感じない人が増えたこと、女性の社会進出が進んだこと。さらに待機児童問題に代表される社会的支援の遅れや、男女ともに価値観が多様化して、結婚や出産を人生の意義とは必ずしも感じない人が増えたことも影響しているんじゃないかしら」

父「よし。これで根っこが特定できた

ね」

父「ロジックツリーでは、ＰＥＳＴやＳＥＰＴＥｍｂｅｒなどのフレームワークによる強制発想法を用いることで、事象に影響を及ぼしている要因をアトランダムに列挙する。その際にはＭＥＣＥ（ミッシー）、つまり構成要素が互いに重複せず、全体に洩れなく分かれるように注意しなくちゃいけない。ここでは、『不妊、妊娠』『未婚、結婚』『男性、女性、共通』がＭＥＣＥになっているね。

幹、土壌、根っこの特定ができたら、いよいよ枝や葉っぱの存在を意識して関連樹木図の作成だ。この際には、フレームワークと、**ブレーンストーミング＆マインドマップ**の手法を活用することになる。構造図を完成することではなく、その過程、つまりたくさんの情報の要点を図式化することで、物事の構造を鳥瞰的・システム的に捉えたり、仮説やアイデアを多層的・重層的に案出することに意義があるんだ。

それじゃあ、すでに作成したマトリックス図やロジックツリー図を参照して、ＰＥＳＴ分析を用いた関連樹木図を作成しながら、『２０４０年頃の職業環境がどのようになるか？』についてまとめてごらん」

奈美「関連樹木図は……、最初はだいたいこんな感じになるかしら？」

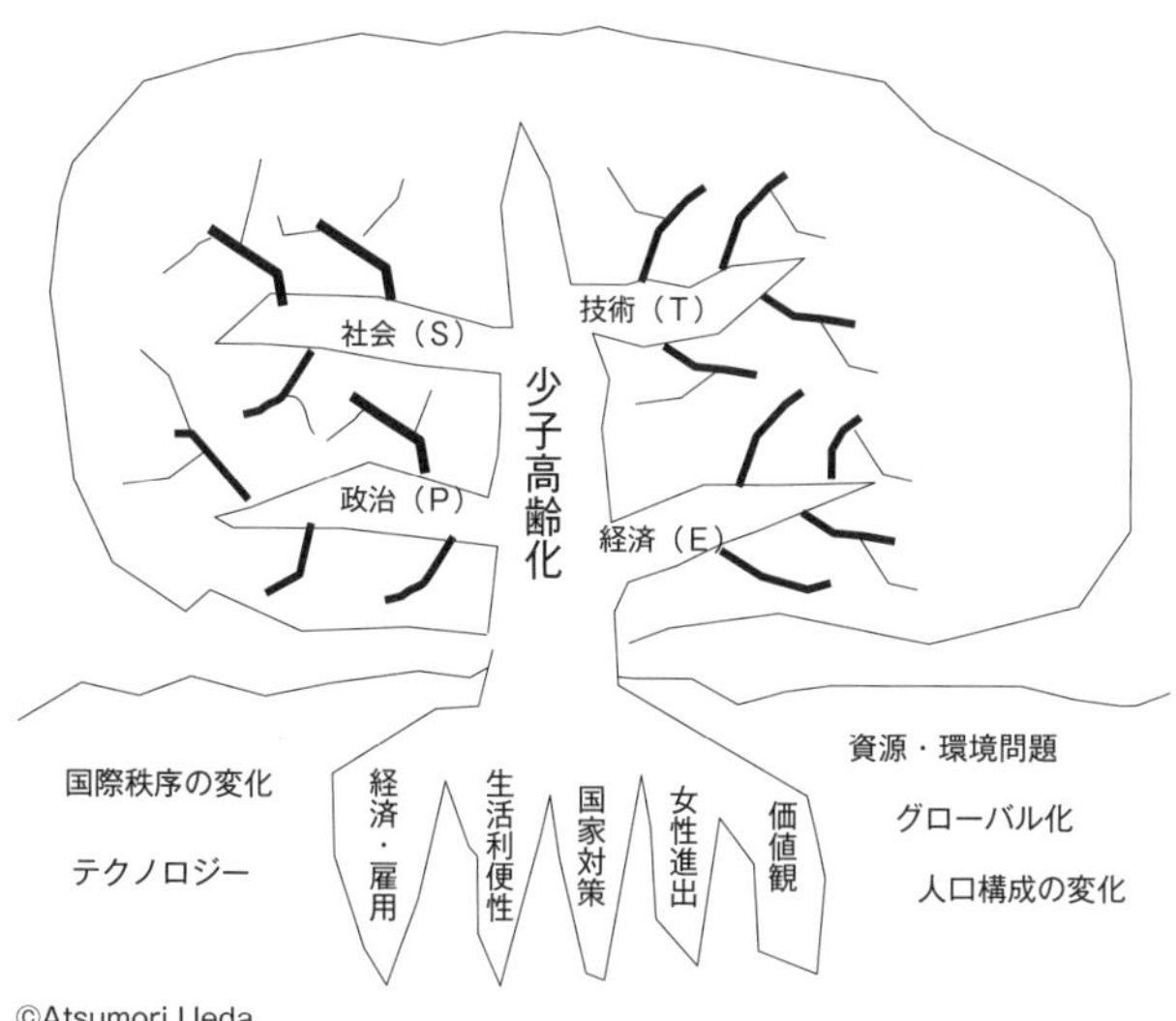

奈美「次に、この樹木図を見ながらPESTにしたがってアウトプットして、樹木を育てていけばいいのね。えーと……」

◇**政治面（P）**

世界の政治構造の多極化、グローバル化などにより中国が覇権主義的に台頭し、日本ではその動きに対する秩序維持が重大な課題となる。世界各地では地域紛争、民主化デモやテロ活動の活発化などが予測される。

これら政治面に加え、世界的規模で進む気候変動が、風水害・津波被害を頻発させる。

このような状況が予測される一方、確実に訪れる少子高齢化は防衛・警備・消防上の人的基盤を揺るがすことになる。

他方でこれらのニーズに人的資源を優先的に割けば、経済市場における労働力不足がますます逼迫（ひっぱく）するという負の連鎖に陥る。その対策として、防衛・消防・警備の分野には必要最小限の人的資源を投入して、ICTの活用が活発化されると予測される。

職業ニーズとしては、AIやICTを活用した防災・危機管理の分野が成長することが予測される。

◇経済面（E）

グローバル化に対抗して保護主義や一国主義が台頭する動きが一部にあるものの、ヒト・モノ・カネ・情報がさらに世界中を広範囲に駆け巡ることは既定路線と予測される。これにより、人びとはより安価で高品質な商品を求め、グローバル企業による商品輸出・売り込みの過当競争が繰り広げられると予測される。またグローバル化は、金融危機などの経済リスクをも瞬時に世界中に波及させることになるだろう。

アジアでは新興国の発展により巨大市場が誕生する。一方で国内の労働力不足解消と国際的なグローバル化の利益に乗じるという2つの狙いにより、日本企業が海外輸出・進出を加速させると予測される。企業のグローバルな活動に対応するために、グローバル人材の育成、環境保護など国際基準の順守、他国文化や外国人に対する認容性や、想定外の事態に対する危機管理・問題解決などが求められる。

こうした社会的要請に対応すべく、国際弁護士などのグローバル人材の育成、エネルギー環境、海外危機管理、語学・文化教育などの分野の職業ニーズが高まるだろう。

日本は少子化による労働力不足により、商品の生産基盤が弱体化していく可能性がある。さらに、他国との紛争や大規模自然災害が起これば労働力としての成年男子はそちらに優先的に割かざるを得ず、労働市場への活用は制限される可能性もある。

日本政府は高齢者、女性、外国人労働者の雇用拡大、ＡＩの活用を含めた生産性の向上を狙っていく方向に向かうことになる。

こうした動きに応じて、国際弁護士などが請け負う労使交渉の代行、外国語、女性・高齢者に対するリカレント教育、外国人に対する語学・文化教育（外国人留学生の受け入れ）などの分野の職業ニーズが高まると予測される。

◇社会面（Ｓ）

人びとの生活は、社会生活と家庭生活の両方で変化が生じるだろう。

社会生活では、生活利便性を求めて都市への人口流入が加速し、大都市では人口過多、インフラ不備、自然災害に対する脆弱性、ＩＣＴ化に潜む脆弱性、交通網への負荷増大、環境悪化など様々な都市問題が予測される。

これらへの対策として、都市分散と地方創生、環境対策、空き家対策や都市計画法の見直し、通勤混雑回避を狙いとする働き方改革、ＩＣＴを活用した災害対策、などが考えられる。職業ニーズとしては、交通網の整備や空き家対策を中心とする建設・建築、エネルギー再生利用、危機管理などの分野のニーズが高まるだろう。

地方においては人口不足などにより、限界集落、超高齢化社会、医師不足、鉄道・バス路線の廃止、ガソリンスタンドの閉鎖、買い物弱者（難民）、学校閉鎖などのすでに起こりつつある問題がより深刻化していくだろう。

これらへの対策としては、地域医療、物資の輸送・配給及び離隔オンライン教育、地方創生のための外国人観光客の呼び込み（インバウンド）などが考えられる。

家族構成に目を向けると、核家族化、高齢化、一人っ子・ノーキッズなどの状況が進展し、この対策としては政府だけでなく地域社会全体による高齢化対策と少子化対策が柱となるだろう。

高齢化対策では、年金や医療・介護の問題解決が喫緊の課題となるだろう。少子化対策では、女性が働きながら子育てができるように、働き方改革や子育て支援が求められる。職業ニーズとしては、高齢者医療・介護、ICTを活用した離隔医療、保育・幼児教育などの分野のニーズが高まることになるだろう。

◇**技術面（T）**

バイオテクノロジーの進歩によって平均寿命を延ばす（長寿化）とともに、人生における健康で過ごせる期間である健康寿命を延ばす社会的な努力が継続される。その一方で、耐久性に富み安価な「遺伝子組み換え食品」に対するパブリック・アクセプタンス（住民支持）が得られない事態や、自然界に存在しないトランスジェニック動植物の出現によって生態系が崩れる可能性、さらにゲノム生命倫理に関する問題が提起されていくことが予測される。

また、ハイテクノロジーと結合したICTでは、インターネット、IoT、ロボテック、AI、ドローン、3Dプリンター、VR（バーチャル・リアリティ＝仮想現実）、ナノマシンなどが普及していくと予測される。

ビジネスにおいては、自動運転技術、量子コンピュータ、ディープラーニング、仮想通貨などの新市場が急速に進展・拡大してビジネス全般に影響をもたらし、新たな産業イノベーションを引き起こす可能性もある。

わが国は労働人口減少の対策としての生産性向上を目指しており、ＡＩロボットは労働市場に続々と進出することが予測されるが、その一方でＩＣＴ・ＡＩが人間の労働者にとって代わられるといった状況も起こりうる。ＩｏＴ、ＡＩなどの普及は生活利便性を促進し、高齢者介護の切り札となるほか、「消費からシェア」への転換を促し、環境保護に配慮した〝ゆとりと潤い〟のある社会生活の実現をもたらす可能性がある。

その一方で、人と人との直接的な接触機会が低減することで「人間の孤独化」という問題を引き起こす可能性がある。また、２０１８年のソフトバンク社の通信障害のような事故や、自動運転車の衝突、ドローンの墜落、個人情報の漏洩といった想定外の事故が生起すると予想され、その際には誰が責任をとって謝罪し、関係者を納得させるのかといった点も問題となるだろう。

職業ニーズとしては、急速に高度化・多様化するバイオテクノロジーやＩＣＴに対応できる専門的な知識・技能を有する人材が求められる。

特にビッグデータ解析、ＷＥＢデザイナー、ＩＣＴコンサルティング、ＳＥ（システムエンジニア）などは〝引く手あまた〟の状況になると予想される。

また、ＩＣＴやＡＩの負の影響を低減するために、カウンセラー、危機管理、保険・補

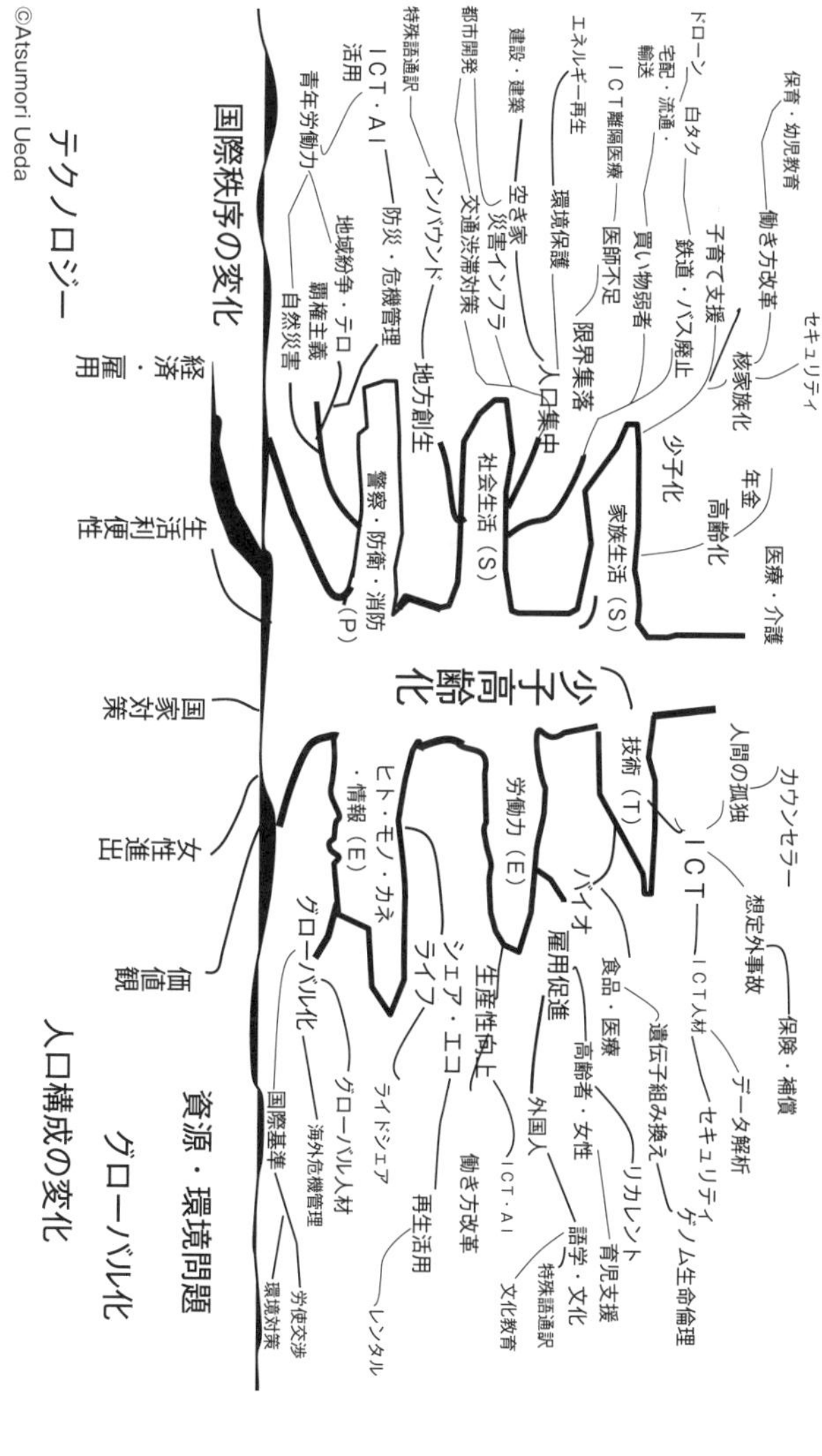

少子高齢化

家族生活（S）
少子化
高齢化
年金
医療・介護
核家族化
セキュリティ
働き方改革
保育・幼児教育
子育て支援
鉄道・バス廃止
白タク
ドローン
買い物弱者
宅配・流通・
輸送
医師不足
ＩＣＴ離隔医療
限界集落

社会生活（S）
人口集中
環境保護
エネルギー再生
空き家
建設・建築
災害インフラ
交通渋滞対策
都市開発

警察・防衛・消防（P）
地方創生
インバウンド
特殊語通訳
防災・危機管理
ＩＣＴ・ＡＩ
活用
地域紛争・テロ
覇権主義
自然災害
青年労働力

技術（T）
ＩＣＴ
人間の孤独
カウンセラー
想定外事故
保険・補償
ＩＣＴ人材
データ解析
セキュリティ
バイオ
食品・医療
遺伝子組み換え
ゲノム生命倫理

労働力（E）
雇用促進
高齢者・女性
リカレント
育児支援
外国人
語学・文化
特殊語通訳
文化教育
生産性向上
ＩＣＴ・ＡＩ
働き方改革

ヒト・モノ・カネ
・情報（E）
シェア・エコ
ライフ
ライドシェア
再生活用
レンタル
グローバル化
グローバル人材
海外危機管理
国際基準
労使交渉
環境対策

国際秩序の変化
経済・雇用
生活利便性
国家対策
女性進出
価値観
資源・環境問題
テクノロジー
グローバル化
人口構成の変化

償、ネットワークセキュリティなどの分野のニーズが高まることが予測される。
奈美「これで未来の職業ニーズの分析もほぼできた気がするわ。いよいよ戦略テーマの案出ね。『どんな職業を選択するか』『どんなスキルを身につけるか』を考えないと」

どんなスキルを身につけるべきか？

父「そうだね。でもこれを考える前に、問題となっている『AIは人間の職業を奪うか？奪うとすればどんな職業を奪うか？』という『問い』について考えてみようか。

　18〜19世紀にかけて、織物工業の機械化に端を発したイギリス産業革命では多くの手工業職人が職を失った。怒り狂った失業者たちが機械を破壊する『ラッダイト運動』という運動まで起きた。こういう過去の教訓もあってか、ＩＣＴやＡＩが人間の職業を奪うということが、ややセンセーショナルな話題となっているよね。

　たとえば自動運転技術の実用化によって、タクシー運転手、宅配業者、引っ越し業者などは職を失い、事故が激減することで板金業者も職を失うなどと言われている。その一方で、ＡＩによっても人間労働者のニーズはなくならず、またＡＩが新たな職業を生み出す可能性もあるという見方もあるんだ。ＩＣＴやＡＩがどのような職業を奪うのかについては何人もの学術的権威が予測しているよね」

奈美「ＡＩなどが現在ある多くの仕事を奪うことはもう既定路線という感じね。でも、それがどの程度で、いつごろ本格化するのか、などについての予測は十人十色という印象もあるわ」

父「おそらくＡＩはどのような業種にも影響するだろうし、そのなかで生き残る職業もあれば、新たに生まれる職業もあるんだろう。

企業などがＡＩを積極導入するのか、それとも人的労働力で対応するのか、また政府がどの程度規制をかけてくるのかによってもＡＩの労働市場への進出は変わってくると思うし、難しい問題だよね。

ただ全体の方向としては、中スキル層の雇用シェアが減少

主な「消える職業」「なくなる仕事」
銀行の融資担当者
スポーツの審判
不動産ブローカー
レストランの案内係
保険の審査担当者
動物のブリーダー
電話オペレーター
給与・福利厚生担当者
レジ係
娯楽施設の案内係、チケットもぎり係
カジノのディーラー
ネイリスト
クレジットカード申込者の承認・調査を行う作業員
集金人
パラリーガル、弁護士助手
ホテルの受付係
電話販売員
仕立屋（手縫い）
時計修理工
税務申告書代行者
図書館員の補助員
データ入力作業員
彫刻師
苦情の処理・調査担当者
簿記、会計、監査の事務員
検査、分類、見本採取、測定を行う作業員
映写技師
カメラ、撮影機器の修理工
金融機関のクレジットアナリスト
メガネ、コンタクトレンズの技術者
殺虫剤の混合、散布の技術者
義歯製作技術者
測量技術者、地図作製技術者
造園・用地管理の作業員
建設機器のオペレーター
訪問販売員、路上新聞売り、露店商人
塗装工、壁紙張り職人

出典：オズボーン氏の論文『雇用の未来』より抜粋

し、低スキル層と高スキル層での雇用シェアが増加するという『雇用の二極化』現象が起きることは間違いないと言われている。

事務・管理などの中スキル層の仕事が次第になくなって、ごく少数が高スキル層に移行できるけど、ほとんどの中スキル層は、手足を使う低スキルに移行すると予測されているんだ。すでにOECD諸国においては、これらの兆候が発生しているとも言われているね。

また、よく言われているのが、これからはAIと共存する道を目指すことが大事だということだ。つまり、面倒くさいことやAIが得意なことはAIに任せる代わりに、AIができないことや苦手なことを見つけて、その分野で自分のスキルを磨くということ。要は、自分が好きなことを徹底してやり、その過程で自分のスキルを磨き、誰も真似のできないスキルを2つ以上兼ね合わせると無敵だと、啓蒙する人たちもいるよね。

ところで奈美、君は自分ではどんな職業が向いていると思っている？」

奈美「……うーん。なんとなくこの方向かな、と思っている職業はあるけど、自信ないわ。自分で勝手にそう思いこんでいるだけのような気がするし……」

父「だったら一度、『ホランドの6角形』を使って自己分析をしたらどうだい？　アメリカの心理学者ホランドが考案したモデルで、『モノを作るのが好き』『理論や考えを発展させるのが好き』『数学や科学の知識を使うのが好き』『人を管理するのが好き』などの質問に『はい』『いいえ』『どちらともいえない』の三択で回答していくと、回答した人の興味の方向性を6分類した上で、さらにそれぞれのタイプに合致する職業を指し示してくれるんだ。ネット上にもこのモデルを採用した自己分析ツールがあるよ」
（以下はウェブマガジン『モチラボ』内のコンテンツ『適職診断 by ホランド理論』より）

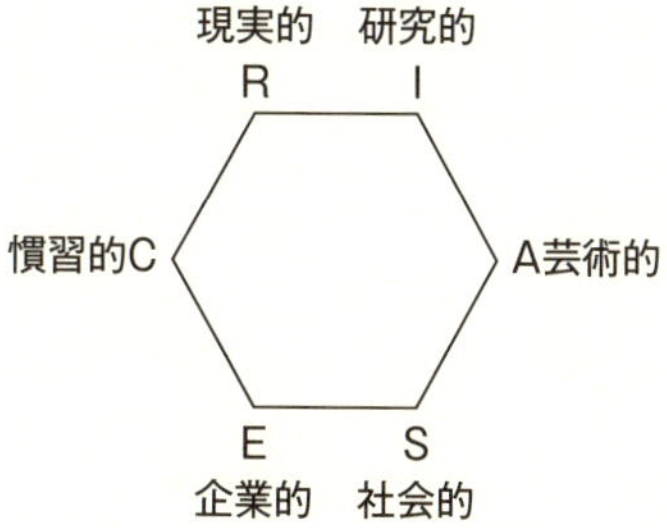

現実的 R　研究的 I
慣習的C　A芸術的
E 企業的　S 社会的

奈美「へえ！　こんなものがあったんだ！　私はどのタイプかな？」

（15分後）

父「どれどれ奈美の診断は……ほう、Sの社会的タイプか」
奈美「私はどうやらこのタイプが向いているみたい。社会的タイプは、『人に接すること、人に教えたり援助する活動が好き』。職業は、NPOやボランティア、教育関係、医療関係、カウンセリング、販売など……ね。

そういわれてみれば私は、これまで家庭教師のバイトを続けてきたし、教え子の成績が上がってご両親に感謝されたときにはとてもやりがいも感じたわ。でも、これからは少子高齢化で義務教育課程の教師採用枠は少なくなると言われていたし、大学も倒産が増えると聞いて無意識のうちに避けていたような気がする。

でも一口に教育といっても、学校や塾、教育行政にかかわる役所だけが働く場所じゃないのよね。今回の分析で、ＩＣＴ人材の育成やリカレント教育、外国人労働者に対する教育、あるいはＩＣＴを活用した離隔オンライン教育へのニーズが高まることは確信が持てたわ……。だったら、まずは教育業界を目指してみようかな」

父「教育業界か。たしかに、どんな時代でも人材を育成することは発展の基本だし、人を育てる仕事にかかわることは奈美自身の成長にもつながると思うよ」

奈美「お父さん、ありがとう！　でもなんでこの自己分析を最初にやらせなかったの？最初にこれをやっていれば、もっと簡単に選べたと思うんだけど……」

父「何度も言ったように、未来予測の幅は予測する自分自身との関連性で決まるものだし、ある程度の方向性を絞ることは大切だよ。でも最初に『職業の選択幅を絞れ』と言わなかったのは、それをやると思考の幅が狭まってしまうからなんだ。

まずは幅広く外部環境から考える。すなわちアウトサイド・インだね。そのことで自分が今まで気づかなかったものを知り、しかるのちにもう一度自分の適性を自問したほうが、時間も手間もかかるけど正しい判断ができる。

たとえば、ＩＣＴ時代における人材の必要性については、総務省、文部科学省、企業もすでに当然のことと予測していて、その人材開発に多かれ少なかれ取り組んでいる。どのようなスキルが必要かということについても、総務省の白書や企業のホームページを見れば書いてある。

これからのビジネスパーソンは、ＩＣＴやＡＩの基礎知識や技能を習得することは有利となることは間違いない。つまり、クラウド、ブロックチェーン、ネットワーク・セキュリティ、ビッグデータ、ＩｏＴ、ＡＩなどについての基礎知識を理解して、企業のマーケティング戦略に利活用できる人材、ということだね。またエンジニア的な知識をもっている、いないに関係なく、ＡＩで何ができるかを理解し、さらにＡＩを用いた課題の発見や問題解決の実現までを構想できる人材が必要になるということだろう。

しかし、全員がＩＣＴやＡＩ関連の企業に携わるのかというと、そんなことはない。その人がどの職業に就くか、その選択次第で、ＩＣＴやＡＩに関して必要とされる知識の幅や深さだって変わってくる。

だから自分が身に着けるべき知識だとかスキルなどというものは、結局のところ自らの職業を選択した段階で初めて決める以外にないと思うんだ。つまり『ＩＣＴ時代に必要なスキルは何か？』といわれても、その人自らが進む道を決定しないことにはそのアウトプットは一般論の域を出ないだろうし、その人自身の役にだって立たない」

奈美「たしかにそうね。納得しました」

父「私が思うに、ある人が就くべき職業、身に着けるべきスキルを選ぶという行為は、その人が次のような思考過程を経ることで初めて決められるものだろう。

（１）『自分はどんな技能や適性があるか』（能力）、『何をしたいのか』『何をすべきと考えるか』（価値）を基本に職業の方向性を定める。

（２）『その職業の方向性が未来においてニーズがあるか』を考え、職業を決定する。

（３）『ＡＩなどが代替できない、非代替性のスキルは何か』『そのスキルは他人が容易に身に着けられない希少性があるか』を考え、養成すべきスキルを決定する。

このことを図にすると、こんな感じかな（左ページの図）。

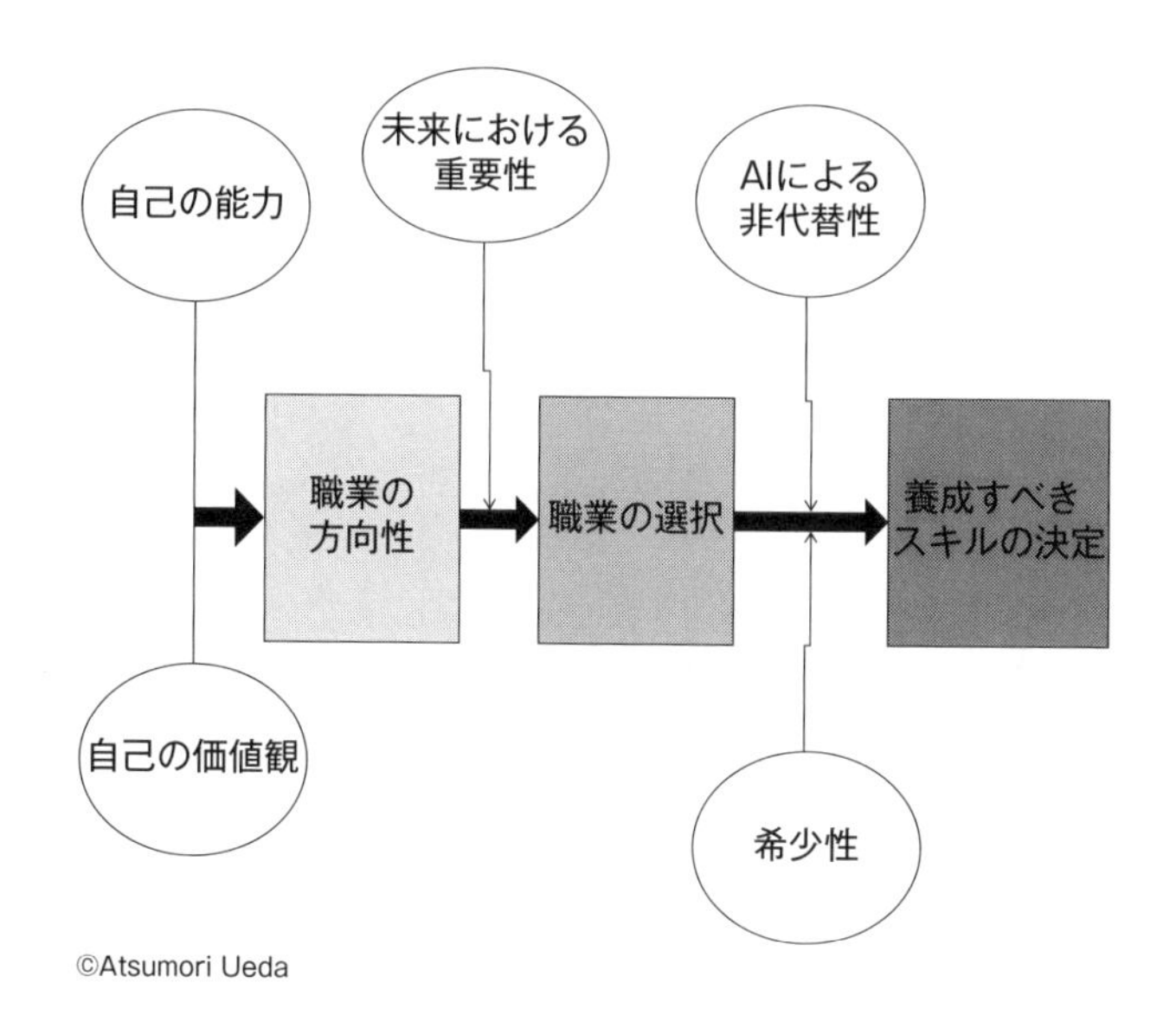

この際、非代替性を明確にする上では、ＡＩが得意なことと、ＡＩが苦手なことを見極める必要があるね。

ＡＩはビッグデータを処理して課題の優先順位を判断することには長けているが、『読解力』すなわち意味そのものを理解しているわけではない。ユーザーが本当に求めているものを理解するには、やはり高いコミュニケーション能力と、奈美にも教えたような『問い』の再設定ができることが重要になる。

たとえば私がｅコマースサイトのアマゾンにアクセスするとＡＩが推薦書籍の一覧を表示してくれるが、こうして挙げてくれるタイトルに納得できたためしはほとんどない。このレコメンド機能は過去に私がアマゾンにアクセスしたデータに基づいて行われているのだろうが、私は買うつもりがない本についても調べることはあるからね」

奈美「他人に何かを薦めるような作業では、ＡＩが苦手とする『課題を設定して、自ら問題解決を図る』能力が必要ということね」

父「そうだ。また、非代替性については人的労働力のコストが問題となる。つまりＡＩが容易に代替でき、人的コストが高くつく職業ほど早い順番で淘汰されていくことになる。その意味では、これまでの企業で管理職に求められていた『課題の優先順位を判断する』という仕事は明らかにＡＩ向きだし、旧来型の管理職は淘汰されていくだろうね。

そして、非代替性を補完するのが希少性だ。機械翻訳の精度は今どんどん進化しているので、今までいたような、ただ英語の文書を日本語に直す、というタイプの翻訳家は不要になるだろう。しかし、翻訳能力にある分野の専門知識がプラスされていれば希少性はずっと高まる」

奈美「どういうこと？」

父「たとえば、私がよく読むようなインテリジェンス関連の翻訳本だと、翻訳者がインテリジェンスの知識をもっていないせいでところどころ意味不明な訳文になっていて、原文を読んだほうがよっぽどわかりやすいという本もたまにあるんだ。これが語学だけでなく、インテリジェンスの知識もある程度ある翻訳家が手がけていたら、その本の価値はずっと高まるだろうからね」

奈美「なるほど。希少性という点ではマイナーな言語を習得するのもいいのかな?」

父「そうだね。未来では地球上のかなりの数の言語をその場で翻訳してくれるようなウェアラブルデバイスも登場するだろうが、そうしたデバイスがマイナー言語を訳してくれるのは相当先になるだろうからね。

　奈美もまず教育業界をひとつの方向性として、まずそこから身に着けるべきスキルは何かを探ればいいと思うよ。紆余曲折の末、結果的に教育業界以外の道に進むことになったとしても、そうやって身に着けた知識と思考力はのちのち必ず役に立つはずだ」

奈美「教育分野で必要なスキル……。これからの社会では、企業の海外移転や外国企業の国内進出、外国人労働者の採用などの関係から、グローバル人材の育成が必要になるわよね……。そのために、すでに日本国内にも日本人と外国人留学生が共同生活をしながら教育を受ける機関が発足しているし、そこでは語学だけではなく、どこの国の出身であろうと互いの価値観を尊重できる姿勢がとても重視されているらしいわ。

　そういう意味では、これからの社会で教育事業に携わる人間に必要なスキルは高度な語学力のほかに、各国の伝統や文化、それぞれの国々の事情を理解し受け入れる協調性とコミュニケーション能力じゃないかしら？　一方で国際人としてどの国の人とも対等に付き合うには私自身が日本人としてのアイデンティティをしっかり持っていなければいけないし、そのために日本の歴史や文化についてもよく知っておく必要もあると思うわ。

それ以外には、外国に赴任した場合にそれぞれの国の政治リスクなどを回避できる危機管理能力やリスクを恐れない勇気、新たな環境において独力でインフラ設備などを立ち上げる独創性と創造力も求められると思う。グローバル人材に求められるこれらのスキルは、公務員であれ、会社員であれ教育業界で働く者にも当然求められるんじゃない？」

父「その学ぶ意欲さえあれば恐れることはなにもないさ。まずは教育業界の門を叩くことを念頭に、ビジネスパーソンとしての研鑽（けんさん）を始めてみなさい」

第5章

未来予測ケーススタディ2
「未来のベストセラーを特定せよ」

[1]「問い」の再設定、[4]クロノロジー分析、[5]マトリックス分析、[6]アナロジー思考、[7]ブレーンストーミング&マインドマップなどを組み合わせた未来予測のチャレンジ

本章の主人公・上田薫子（28歳）

ノンフィクション系の新書や教養書、実用書を中心に刊行する出版社で働く編集者。入社前から書籍編集を希望しつつ営業部門に配属されていたが、そこでの頑張りが評価され、異動の希望が叶ってそろそろ9ヵ月になる。業界全体が縮小傾向に陥るなか、ヒット作を送り出そうと日々企画づくりに精を出しているが、重版がかかった担当作品はいまのところまだない。自分の企画力に自信を失い始めていたタイミングで父親が情報分析の専門家であることを思い出し、教えを請おうと久しぶりに実家に帰ってきた。

「問い」を設定する

薫子「お父さん、お願いがあるんだけど」
父「どうしたんだい？　久しぶりに帰ってきたと思ったら、いきなり頼みごとだなんて」
薫子「私、今年春に書籍の編集部に異動になったことは話したでしょう？　お父さんも知っているように、編集者になることは私の以前からの希望ではあったんだけど、本が読まれないこの時代に売れる本の企画を立てるのって想像以上に大変なことなのよ。春から5冊企画して出してはみたものの、全部初版どまりで重版はかからなくて……。そろそろヒ

	現在の「問い」	未来の「問い」
CQ	**書籍Aは、売れているか?**	**書籍はこれからますます売れなくなっていくのか?**
OQ	書籍Bは、なぜミリオンセラーになったのか?	近い将来、ミリオンセラーになりそうなテーマやジャンルは何か?

ット作を出さないと周りの見る目も厳しくなってくるかもしれないわ。だから今度の休みで、お父さんの専門である情報分析の手法をあらためてじっくりと教えてもらって、企画の立て方を一から見直そうと思っていたのよ」

父「薫子もすっかり社会人だな。そういうことなら手助けするよ。最初にやることは覚えているよね?」

薫子「まず**『問い』を設定して**、私が知らなければいけないことを明確にすればいいのよね? このやり方ではどう? 昔教えてもらったとおり、『YES/NOで答えられる**クローズドクエスチョン**(CQ)と、そうでない**オープンクエスチョン**(OQ)』『現在についての「問い」と未来の「問い」という4つの問いを組み合わせてみたの」

父「相互に関連しているし、バランスも取れていて悪くないと思うよ。未来予測をするには、まず現状を知る必要がある。だから現在の『問い』をしっかり立てることが重要だ。

『なぜミリオンセラーになったのか?』は現在の『問い』だね。『Why』を追及する現在の『問い』は未来予測の第一歩だ。しかし、まだ事象が起こっていない未来では『Why』の『問い』は普通は成り立たないので『What』や『How』が重要になってくる」

薫子「だから私も未来のクローズドクエスチョン(CQ)では、『How Many』に近い、『書籍はこれからますます売れなくなっていくのか?』という『問い』を設定してみたわ。これについてはどう?」

父「核心を突いたキークエスチョンだね。しかし、クローズドクエスチョンは往々にして狭窄(きょうさく)思考に陥りやすい。つまり、『書籍は売れない』という先入観に分析者自身が縛られ、自分の『問い』を肯定する情報ばかりを集めてしまうことになりかねないからだ。そうなると、ベストセラーになる企画を発掘するという本来の目的からそれてしまうことになる。

たとえば2003年のイラク戦争で米国は『イラクのサダム・フセインは大量破壊兵器を保有しているか?』という『問い』を設定したが、そのせいで逆に自らの問いを肯定するような情報ばかり集めてしまった。その結果、『フセインが大量破壊兵器を隠し持っている』という誤った評価に基づいて戦争に踏み切ってしまった。アメリカはのちにこのことをインテリジェンスの失敗と結論付け、『フセインは、なぜ大量破壊兵器を保有していないと言えるのか?』といった、最初の問いを自己検証するような新たな『問い』への転換を行うべきだったと反省しているんだ」

薫子「では私の場合は、『書籍はこれからますます売れなくなっていくのか?』という『問い』を『なぜ書籍は、これから売れるようになると言えるのか?』という『問い』に置き換えるべき、ということかしら?」

父「具体的にどのように置き換えるか、その置き換え方は別にして、大事なのは当初の『問い』を別の『問い』に置き換えて、本当に知らなければならないこと、すなわち論点を明確にしていくことだ。このことを**『問い』の再設定**という。米国情報機関などでは今ではその手法を確立していて、『問い』を再設定する要領を練習させているくらいだよ。

　薫子が設定した『近い将来、ミリオンセラーになりそうなテーマやジャンルは何か?』といった『問い』だが、これは出版業界の人であれば誰もが明らかにしたい『問い』だよね。しかし、安全保障の情報分析を長年やってきた父さんから言わせれば、ややインパクトに欠けるな」

薫子「え?　どうして?」

父「というのは、この『問い』では仮説の案出、すなわち戦略判断に直結しないからさ。

安全保障の世界では、敵の意図と能力を分析して、未来の敵の行動を予測する。情報分析とは常に『敵』という対象を意識した活動だからね。

その点、ビジネスの世界では、安全保障の世界ほど『敵』を意識することはないのかもしれないが、どの会社にもライバルになる会社はあるだろうし、場合によっては自分たちが売る商品の代替物や、顧客も敵と捉えることができる」

薫子「顧客って、私たち編集者の場合は読者よ？　『読者が敵』という発想はさすがにしたことがなかったわ！」

父「要はビジネスにおける情報分析でも、『対象』を意識すればそのぶん戦略や戦術が精緻になるということさ。だから薫子が設定した『問い』も、対象をもっと意識して再設定してごらん」

「問い」の再設定に取り組む

薫子「そういえばお父さんの話を聞いていて、思い当たったことがあるわ。以前ピーター・ドラッカーの『マネジメント』や『創造する経営者』を読んだんだけど、そこでドラッカーは『我々の顧客とは一体誰か？　顧客は何を価値として購入するか？』という『問い』が重要である、という主旨のことを述べていたの。『企業が売っていると考えているものを顧客が買っていることは稀である』『我々の売りたいものと顧客ニーズにはギャップがある』とも書かれていたわ」

父「ふむ。顧客を意識し、売る側が顧客ベースに立って考えなければヒット商品の予測などできないだろうからね。さすがドラッカー。『経営の神様』と言われるだけのことはあるね。父さんの言う『問い』の再設定も、要は自分の頭を対象ベース、言い換えれば『顧客ベース』に切り替えるための第一歩ということなんだ」

薫子「ということは、私が最初に立てた『書籍はこれからますます売れなくなっていくのか?』という『問い』は、『どのような（顧客）層が書籍を買わなくなるのか?』『顧客はなぜ書籍に人生の価値を見出さなくなったのか?』『本を読まなくなった人びとは何によって人生の問題解決を図ろうとしているのか?』といったタイプの『問い』に転換する必要があるのかな?」

父「そのとおりだ。我が娘ながら、なかなか察しがいい」

縦の比較で現状分析する

（数日後）

父「『問い』の再設定は進んでいるかい？」

薫子「ええ。最初の問いを『顧客はなぜ書籍を読まなくなったのか？』に転換して考えてみたんだけど、その理由がすぐには思いつかなかったから、さらに『顧客はいつ頃から書籍を読まなくなったのか？』という問いに再転換して関連情報を収集してみたの。すると1996年をピークとして、書籍、雑誌ともに売上額が下降傾向に転じたことが分かったわ」

父「では、1996年以後に下降傾向に転じさせた何らかのドライビング・フォース（推進力）があるはずだね。探せたかい？」

薫子「ええ。これはすぐわかったわ。だって1995年といえば、マイクロソフトの『Windows 95』が発売された年だもの。だから『インターネットの普及が、現在の若者の読書離れを引き起こした』という、まあ言わずもがなの仮説を立ててみたんだけど……」

父「95年といえば、ちょうど父さんがバングラデシュでの大使館勤務を終えて、自衛隊に復職した時期だからよく覚えているよ。久しぶりに日本に戻ってきて、心機一転のつもりで小型PCを買ってみたが、メモリがたった1ギガバイトしかないのに50万円近くもしたもんさ。職場の同僚たちの大半はまだワープロしかもっていなかった頃だから、清水の舞台から飛び降りるくらいの覚悟が必要だったよ」

出版販売額の推移

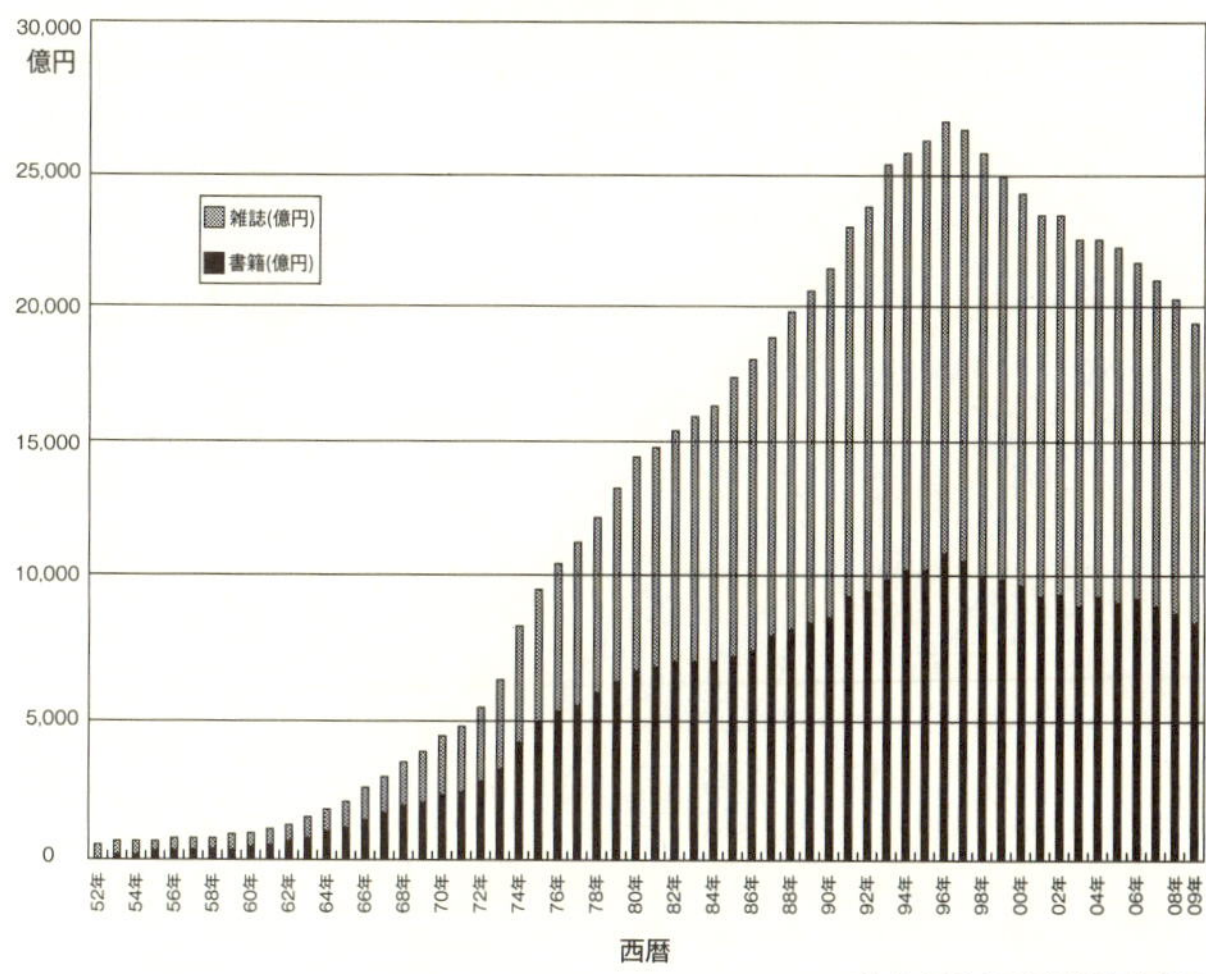

出典:『2010出版指標年報』

薫子「そういえばお父さんって昔からそういう大胆なところがあったわよね。私はまだ小さかったから当時のことは覚えていないけれど、お母さんがその後も時々ボヤいていたのはなんとなく覚えているわ。ところで、当時のインターネットってどんな感じだったの？」

父「いや、当時はまだ、インターネットが自由に使えるような環境では全然なかったんだよ。『21世紀に主流になるのはインターネットか？　それとも（ニフティサーブのような）パソコン通信か？』という二者択一の議論があり、両者を比較する本も出たくらいだった。まあ常時接続と大容量通信が可能なブロードバンドが徐々に普及しはじめた99年頃には、インターネットが勝つという趨勢は明らかになっていたけどね。

　薫子の言う通り、インターネットの普及が書籍、雑誌離れを引き起こしていることは長期的に見れば間違いないだろう。しかし、ネットの本格的な普及は今言ったように99年以降に始まったものなので、『96年を境に』下降傾向に転じたことの説明にはならないね」

薫子「うーん、たしかによく考えれば、電車の中や外出先で色々な記事やニュースが読めるようになったのは２０００年代後半のスマホの登場後のことだわ」

父「そもそも、『インターネット普及が書籍離れを招いた』といった一つの仮説に短絡的に飛びつくのは危険だよ。またこの統計資料をよく見ると、比率の上では１９７４年頃を境に書籍、雑誌の売り上げが急速に伸びている。減少傾向ばかりに注目するのでなく、逆の傾向にも着目して『これはなぜなのか？』という視点を持つことが大事だよ。また、顧客をさらに意識して『どんな顧客が書籍や雑誌を買っているのか？』を明確にしないといけないかもね」

薫子「わかったわ。同時代における対象の比較、つまりお父さんの言うところの『横の比較』をやればいいのね」

横の比較を実施する

（数日後）

薫子「お父さん！　お父さん！」

父「どうした薫子？　横の比較をして何かわかったのかい？」

薫子「そうなのよ！　私、『書籍や雑誌は主に誰が読むのか？』に『問い』を再設定して、どのような年代層の顧客が最も書籍や雑誌を購読しているのか、あらためて調査してみたの。そうしたら意外にも、２０１０年頃は高齢者はあまり本を買っていないということがわかったの。会社では『若者は本を読まない。だから時間も可処分所得もある定年退職世代をターゲットにした本を作れ』と上司たちも含めて当たり前のように言われていたし、私自身もそんなものかと思い込んでいた。でも全然そうじゃなかったのよ」

父「へえ、本を作る専門家たちが、揃って先入観に囚われていたわけか。それがわかっただけでもやってみた甲斐があったかもしれないな」

薫子「それで私ね、次に『なぜ、定年者は書籍を購読しないのか？』という問いを再設定した上で、定年した団塊世代の意識を知るために、並木書房の『アンケート調査年鑑』っていう本を参照してみたの」
父「民間企業・研究機関が発表する最新アンケート調査資料を年度ごとに収録した年鑑だね。父さんもそこの本にはよく世話になっているよ」
薫子「そうしたら、団塊世代が概ね60歳になった２００８年に行われたアンケート調査の結果から、この世代の一番の関心が『質素倹約』であったことが分かったのよ」
父「高齢者は他の世代に比べてカネはあっても、そのカネは孫の教育に回しがちなのかもしれないし、時間があるから図書館に行ってしまうのかもしれないね。あるいは老眼で字が読みづらくなるのも読書離れの原因かな」
薫子「で、じゃあどの年齢層が本を最も買っているかというと、統計によれば30歳から40歳代の働き盛りの世代なのよ。最近流行りの電子書籍をいちばん買っているのもその世代のビジネスパーソンたちのようよ」
父「なるほど」
薫子「だから私、『ひょっとして、書籍販売数と生産年齢には何らかの相関関係があるのでは？』と思ってそう仮説を立ててみたの。すると95年に生産年齢人口もピークを迎えて、それ以降は下降していたわ。
一方で書籍が急速に売れ始めた１９７４年頃といえば団塊世代が25～27歳で、ちょうど職業人としてようやく脂がのってくる頃でもあるわ。つまり『団塊世代は企業での激烈な勝ち残りをかけてビジネススキルの研鑽なり自己啓発を書籍に求めた。しかし、彼らが企業の第一線から退き、生産年齢人口も減少したことで書籍、雑誌の売り上げが低下した』ということじゃないのかしら？」

父「なるほど。整合性は取れているね」

薫子「だからそう考えると、やはり出版業界が見据えるべき主要なターゲットはビジネスパーソンであって、巷でビジネス書が売れるのも裏付けはあることなのよ。だからこのターゲットに絞って、彼らの志向をより深く探る必要があると思うわ」

再び縦の比較を実施する

（1週間後）

父「その後はどうだい？」

薫子「ビジネス書の売上高推移の暦年統計を調べてみたわ。前にも言ったように書籍全体の売り上げは1996年から下降曲線に入るんだけど、その中でもビジネス書に限れば1998年に売り上げ数が伸び始めて2000年代にはブームが到来し、2009年にはジャンル全体の総発行部数が１８００万冊に達していた」

父「ふむ……。ビジネスパーソンの数が全体的に減ったことで書籍全体の売り上げは下降傾向に転じたが、ビジネスパーソン一人あたりがビジネス書を購入する冊数は増え、その結果このジャンルだけが売れ続けた、ということだろうか？」

薫子「そのあたりは正確にはわからないけど、公認会計士で、２００５年に１６０万部超のベストセラーになった『さおだけ屋はなぜ潰れないのか？』の著者でもある山田真哉さんは、ビジネス書ブームが起きた理由について『出版不況を何とか克服しようとあがいた出版社側の努力と、「失われた20年」から脱出するヒントを本に求めようとした人々の需給がマッチした』からと分析しているわね（『平成のビジネス書』中公新書ラクレ）。ただ、ビジネス書のブーム自体は２００９年にピークを迎えていて、翌２０１０年からはビジネス書にも厳しい時代が到来しているわ」

父「ふむ。それに関してはまさに２０００年代後半からのスマホによるネットの普及の影響もあるかもしれないし、それ以上に団塊世代の大量定年退職も影響しているのかもしれないね」

薫子「そうね。でも、そうした逆風の中でもまだまだベストセラーは生まれているわけだし、ビジネスパーソンのニーズを的確に摑めればまだまだチャンスはあると思う。

そういえば今年（2019年）は元号が平成から令和に変わったけど、ちょうど30年前の1989年も昭和から平成への移行期だったわ。1990年のビジネス書にはどんなベストセラーがあって、それはどのような時代背景から生まれたのかしら？」

父「ふむ。新たな問いが生まれたね。たしかに来年のベストセラーを予測する何らかのヒントが、同じような過去にみつかるかもしれない」

薫子「1990年といえば私の生まれた年でもあるわね。出版物専門商社『トーハン』のサイトを見ると、毎年のベストセラーのトップ10をジャンルごとに発表しているけど、『ビジネス書』はどうかしら？　……あったわ」

【1990年の単行本・ビジネス書部門ベストセラー（東販調べ）】

1 『日はまた沈む――ジャパン・パワーの限界』（ビル・エモット）
2 『国際情報 Just Now』（落合信彦）
3 『1990's世界はこう動く』（落合信彦）
4 『経済頭脳を持っているか――新メカニズム87のポイント』（長谷川慶太郎）
5 『日本は悪くない――アメリカの日本叩きは「敗者の喧噪」だ』（ビル・トッテン）
6 『1990年版　長谷川慶太郎の世界はこう変わる』（長谷川慶太郎）

7『全予測90年代の世界』（牧野昇・三菱総合研究所）
8『新規の世界　転機の日本――「新戦後」90年代を読む』（堺屋太一）
9『パワーシフト――21世紀へと変容する知識と富と暴力（上・下）』（アルビン・トフラー）
10『入門の入門　経済のしくみ』（大和総研）

父「私にとっては懐かしいというか、なかなか興味深いラインナップだね。さて薫子はここから何を読み取る？」
薫子「……これを見ると、『国際』『世界』『日本』『経済』あたりがキーワードという印象ね。当時のビジネスパーソンは新しくも混沌とした世界情勢のなかで、羅針盤の役割をビジネス書に求めたのじゃないかしら？」
父「つまり、『時代トレンドと出版物には相関関係がある』ということだね。しかしその仮説を立証するには……」
薫子「一つの事例だけでは不十分よね。だから他の年のベスト10が当時の主要事象やトレンドと関係していることを立証しないとね。１９９０年から２０１９年現在までの、ビジネス書のベスト10を調査する必要があるわ」

父「過去との比較、つまり『横の比較』に対する『縦の比較』とはいいところに目をつけたね。横の比較と縦の比較を組み合わせるのは情報分析の王道だ。
　ただし縦の比較をする際には、必ず『同じもの』同士を比較し、『違うもの』との比較を避けなければいけないよ。情報分析の世界ではこれを戒めるため、よく『林檎と蜜柑を比較しても意味がない』などと喩えられるが、ビジネスの世界でも同じものを比較することを『アップル・トゥー・アップル』などと言うようだね」
薫子「１９９０年のベストセラーをヒントに、２０２０年のヒット作を予測しようとするのは『同じもの』同士の比較でＯＫなのよね？」
父「ＯＫだ。過去に起こった同様な歴史的事象に基づいて未来を予測することは**アナロジー思考**の一つであり歴史的類推法とも言う。ただ、時代のトレンドとベストセラーの相関関係を調べるのであれば、それぞれの時代の潮流を先に押さえておく必要があるだろうね。
　未来予測では時代の潮流（トレンド）を大きく摑み、次に変化を見つけること、そして変化を及ぼしているドライビング・フォース（推進力）を探すことが重要だ。これを見極めるには過去から現在までの**クロノロジー**を作成するといい」
薫子「クロノロジー……。つまり年表ね」

父「そうだ。クロノロジーは『縦の比較』における王道で、父さんが現役時代にもっとも活用した手法でもある。まずは鳥の眼、魚の眼によってクロノロジーの全体の流れを眺める。次に虫の眼をもって、ある重要な変化を発見する。変化の前後の事象をじっくりと考察し、さらに関連情報を集めて、相関関係や因果関係がないかを推量する。そして仮説を立てて、それを立証、反証することになる。

この手法の効用を理解するなら、まず『論より実践』だ。薫子もクロノロジーを作ってごらん。簡単なもので構わないが、ビジネス書の売り上げや記述内容に影響を及ぼすと考えられる、政治（P）、経済（E）、社会（S）、科学技術（T）の主要な事象に着目しながらね」

クロノロジーを作成する

（2日後）

薫子「お父さんの助言に従って、平成元年から現在までのクロノロジーを作成してみたわ」

【薫子が作成したクロノロジー】

・1989年　昭和から平成に改元。消費税3%導入、冷戦の終結。初の小型携帯電話発売。
・1990年　湾岸戦争。中国GDP世界第11位。
・1991年　バブル経済の崩壊始まる（91年3月〜93年10月）。
・1993年　朝鮮半島危機。パートタイム労働法制定。
・1995年　阪神淡路大震災、地下鉄サリン事件。Windows 95 発売。大手小売店やメーカーなどがインターネット通販を続々開始。
・1996年　台湾海峡危機。世界の株価下落。ラリー・ペイジとセルゲイ・ブリンがグーグルの研究開発を開始。
・1997年　消費税5%に。アジア通貨危機。「格差社会」という言葉がメディアに登場。
・1998年　グーグル設立。バブル崩壊の悪影響が深刻化。自殺者が突如3万人を超える。
・1999年　女性の深夜労働の制限が撤廃。NTTドコモが携帯電話IP接続サービス「iモード」開始。
・2000年　年金制度改革（老齢厚生年金の報酬比例部分の支給開始年齢段階的引き上げ）。

・２００１年　アマゾン・ドット・コムが日本に参入。
米国で9・11同時多発テロ勃発。アップルが「ｉＰｏｄ」発売。

・２００２年　シャープ、ワープロ専用機の生産終了を発表。

・２００３年　日経平均株価が１９８２年以来の最安値を記録（７６０３・７６円）。自殺率がピーク。

・２００４年　「萌え株」（美少女アニメ、ゲーム、マンガ関連の銘柄）ブーム。
Facebook設立。おサイフケータイ登場。

・２００５年　合計特殊出生率が過去最低の１・２６に落ち込む。ＡＫＢ48が活動を開始。

・２００６年　グーグルのＡＩ研究者Ｇ・ヒントンがディープラーニングの手法を開発。
ＪＲ東日本が「モバイルＳｕｉｃａ」のサービスを開始。
改正男女雇用機会均等法成立（07年施行）。

・２００７年　「Amazon Kindle」発売。日本でライド・シェア仲介サイト開始。

・２００８年　リーマンショック。ソフトバンクが日本での「ｉＰｈｏｎｅ」の発売開始。

・２００９年　米企業ウーバー・テクノロジーズが自動車配車アプリの運営開始。

・２０１０年　中国のＧＤＰが日本を超え世界第2位に。尖閣問題が先鋭化。ビッグデータという用語が登場。アップル「ｉＰａｄ」発売、電子書籍元年。

・２０１１年　東日本大震災。

・２０１２年　日本が尖閣諸島の国有化を行い日中問題が先鋭化。
　　　　　　AIがディープラーニングにより、YouTube動画からの猫の画像認識に成功。第三次人工知能ブーム到来。
・２０１３年　「電王戦」でプロ棋士が将棋AIに敗北。
　　　　　　ウーバー、日本の都市部で試行運行開始。
・２０１４年　ロシアのクリミア併合。消費税８％。
・２０１５年　中国、南シナ海での人工島建設。
・２０１６年　米国大統領選挙でトランプ当選。中国、南シナ海における人工島埋め立て。
　　　　　　英国、国民投票で欧州連合（EU）からの離脱を決定。
　　　　　　アルファ碁がプロ棋士に勝利。
・２０１７年　北朝鮮が核実験とミサイル実験を頻繁に実施。
・２０１８年　米中貿易戦争。
・２０１９年　平成から令和に改元。消費税10％導入。

薫子「ではこのクロノロジーを基に、今度は過去約30年間のトレンドをPESTで整理してみるわ」

【薫子がＰＥＳＴで整理した過去30年間のトレンド】

◇Ｐ（政治）

冷戦が終結して世界は平和に向かうとみられていたが、１９９０年に湾岸戦争が起こり、わが国周辺では北朝鮮の核の脅威が出現した。中国は経済発展とともに軍事力を増強して海洋への進出を加速させ、日中関係は２０１０年前後から尖閣諸島をめぐり悪化した。

ソ連は崩壊したが、その後に成立したロシアは２０１４年にクリミア併合に踏み切るなど権力志向を再び剝き出しにしている。

米中関係は１９９６年に台湾問題で緊張化するなど紆余曲折は経ながらも、経済的相互関係を深化させた。しかしここ最近は、中国の経済発展戦略や南シナ海における人工島建設が引き金となり、新たな緊張状態に突入しており、それが株価乱高下の要因となっている。

２００１年の９・11同時多発テロは、新たな脅威としてのテロの存在を内外に印象付けた。国内では阪神淡路大震災、東日本大震災に見舞われ、内外情勢は冷戦期よりも変化の多い、先行き不透明な時代となっている。

◇E（経済）

１９９６年の台湾海峡危機では世界の株価が下落した。１９９７年のアジア通貨危機は世界を震撼させた。さらに２００８年のリーマンショックは世界経済を直撃した。

中国は１９９０年にはGDP世界第8位であったが爆発的な経済発展を遂げ、２０１０年にわが国を追い抜いて世界第2位に躍り出た。しかし、最近では米中貿易関係は緊張化の傾向にある。

経済がグローバル化した結果、米中対立により世界の株価が下落するなど国外の政治・経済リスクが世界に連鎖的に影響する状況が顕著になっている。

グローバル化によって安い労働力による低価格商品が国際的に流通するようになった一方、アメリカやEUでは対中貿易赤字が増大し、さらに難民の流入によって仕事が奪われる人も出てきたことで、欧米では反グローバリズムや保護貿易主義が台頭している。「米国第一主義」を掲げるトランプ政権の継続や英国のEU離脱で、国際秩序は激動に向かう可能性もある。

日本経済は１９９１年にバブルが崩壊し株や土地価格などが暴落。１９９７年のアジア通貨危機を経て、2003年には日本の株価は最安値を記録した。

2008年のリーマンショックによって、日本経済はさらに停滞し「失われた20年」を経験した。この結果、消費者の倹約志向が強まり、景気回復が遅れている。

第二次安倍政権が誕生した2012年からアベノミクスによりやや景気は回復基調にあるが、未だ庶民にその実感は薄いと言われる。

◇S（社会）
1989年4月、消費税が初めて導入されたが、その目的の一つは増大が予測される社会保障費の財源確保にあった。この頃から少子高齢化の先鋭化は既定路線であったが政府は抜本的な手段を講じてこなかった。

少子化の原因の一つである女性の社会進出は法制度の整備とともに拡大し、2006年には改正男女雇用機会均等法が成立（施行は2007年）、女性の社会進出がより顕著になっていった。

バブル崩壊後の不況と高齢化によって自殺率が上昇し、2003年にはピークに達した。

1990年代から2000年代にかけての経済停滞で「デフレカルチャー」という造語も定着。

社会の高齢化とインターネット、スマホなどの普及により、情報のデジタル化と、Facebook などSNSを介した仮想社会での人的交流が活発になり、国全体としての活字離れが進んでいる。

また核家族の拡大は祖父母から孫への読み聞かせの機会を消滅させ、このことも子どもの読書離れに影響を及ぼしている可能性がある。

◇**T（技術）**

1995年に「Windows 95」が発売され、これをきっかけに個人用PCが爆発的に普及。2002年にはワープロの生産が終了した。PCは1996年のインターネットの普及開始とともに情報の収集伝達手段となったが、それは主として卓上の機器に留まっていた。しかし、1999年にNTTドコモが世界初となる携帯電話IP接続サービス「iモード」を開始し、世界中の情報がどこでも、どこからでもすぐに入手できるようになった。

2010年にはアップルのタブレット端末「iPad」が発売されるとともに出版業界では「電子書籍元年」と呼ばれ、ここから本格的な電子書籍市場が誕生した。

さらにIoTにより、あらゆる場所と時間においてリアル社会と仮想社会が連接された。これにより消費社会から循環型社会に移行するなかシェアリング・エコノミーが生まれている。２００７年には日本でライド・シェア仲介サイトが誕生、２００９年には米企業ウーバーが操業を開始し、日本にも同業界が波及する兆しがある。

書籍業界では２０００年のアマゾン・ドット・コムの参入により古本市場が拡大している。少子高齢化の労働力不足の対策の一つに生産性の向上が挙げられ、その中核としてＡＩの労働市場への導入が期待されている。２００６年にはグーグルの研究者によりディープラーニングの手法が提唱され、２０１２年にはＡＩがディープラーニングにより動画から猫の顔を認識するのに成功、ＡＩが認知能力を持つことで第三次人工知能ブームが到来した。２０１３年には「電王戦」でプロ棋士が将棋ＡＩに初めて敗北した。ＡＩがビッグデータをもとに最適の意思決定をする状況はすでに起こっており、さらにはＡＩが〝人の手〟を持つことにより既存の職業を代替する懸念が提起されている。それにより、「未来において消滅する職業、生き残る職業」といった類の予測本がブームとなっている。

マトリックス分析を実施する

父「どうだろう、クロノロジーを書いてみることで出版業界に影響を与える外部環境を認識できたかな？　外部環境から少しずつ内部環境への影響を分析する。これが、私がくどいくらいに言っている**アウトサイド・インの思考**なんだ」

薫子「外部環境から内部環境へと少しずつ思考を内側へと絞っていき、その過程で自分の業界や自社の未来に影響を及ぼすドライビング・フォースを特定していけばいいのだったわよね」

父「そうだ。ビジネスパーソンは、自分が所属する業界の未来に影響を与えるドライビング・フォースについて、4Cや3C、あるいは5フォースなどでまとめておくといいよ。薫子のような出版業界で働く人の場合は、インターネットの普及、携帯電話IP接続サービス開始、地政学的リスク及び経済リスク、アマゾン参入による古本流通、デジタル書籍の参入などは、いずれも重要なドライビング・フォースの候補になり得ると思う。

さて、こういう背景事象を理解した上で、過去30年間のベストセラーを見てみようか。時代背景とベストセラーとの間に何らかの相関関係や因果関係があればめっけものだ」

薫子「そこに有力なドライビング・フォースがあるかもしれないということね。じゃあ早速、『トーハン』のサイトで、1990年から2018年までのビジネス書の『ベスト10』を調べてみるわ」

（30分後）

薫子「……うーん、毎年のベストセラーと時代背景の関係についてそれぞれ何らかの法則がありそうなんだけど、全体的な『縦の比較』をどうしたものかしら？」

父「ふむ。これは奈美にも言ったことだけど、データや選択肢が膨大かつ複雑であって、可視化しなければ一度にその概念がとらえられない場合には**マトリックス**を活用すると便利だよ」

薫子「そうね。じゃあ、各年のベストセラー10作のタイトルに含まれているキーワードに着目して、さらにキーワードを横軸、年を縦軸にして、これが出現する頻度をマトリックス表に展開してみようかしら？」

父「キーワードの比較か！　縦の比較と横の比較の組み合わせからある種の傾向を探し出そうというわけだね。いいところに気づいたと思うよ。実は父さんも現役の分析官だった頃にはキーワード分析をよく使ったものだよ。たとえば、中国はかつて2年ごとに国防白書を発表していたんだが、その白書に頻出するキーワードの数を比較することで中国軍の近代化の進捗（しんちょく）度などを分析していたんだ」

薫子「へぇ……！」

【薫子の作成したマトリックス表】

	国際情勢		経済	金儲け			経営・管理		人生観			思考力				コミュニケーション				
年	国際／世界	情報	経済	株	投資	金	経営	マネジメント	仕事	人生	生きがい／生き方	頭／頭脳	思考	論理	考え	伝え	会話	言葉	語彙力	人／人間
1990	1		2									1								
1991	1		1									1			1					
1992	2		2																	
1993	2		0																	
1994	1		0																	
1995			0											1						
1996			0								1									
1997			0												1					
1998			2																	3
1999			1								1		1							
2000			2	4	1															
2001			3			1														
2002			0		1	2						1		1	1					
2003			3			1														
2004			1	3		2														
2005			0	4																2
2006			0	4						1										
2007			0		1					3	1									
2008			0							1		2								
2009			0									2					1			1
2010			2							1							1			
2011			0							1								2		
2012			0							1										
2013			0							1	1				1	1	1			
2014			0										1		1	1		1		
2015			0			1										1				
2016			1		1	1														
2017			0		1					2						1		1		
2018			1			1					1					1			1	1

父「さあ。薫子がまとめたこのマトリックス表から、何を読み取れるだろうか？」

薫子「そうね……。このトーハンのランキングには、Windows 95登場の翌年1996年に『単行本・コンピュータ関連書』という項目が初めて登場するんだけど、同じ年の『ビジネス書』ランキングにも『パソコン「超」仕事法』（野口悠紀雄）『ビル・ゲイツ　未来を語る』（ビル・ゲイツ）『あなたの電話をISDNに切り換えよう』（ISDN研究会）などパソコン・IT関連の本が3冊もランクインしているわ。ほかにも『「大変」な時代』（堺屋太一）『前例がない。だからやる！』（樋口廣太郎）など、『未来』『時代』『前例』といったキーワードが目立つわね。PCの本格的な普及が始まったことを受けて、ビジネスパーソンたちの間に未来を占いたい、予測したいというトレンドが出始めたことがわかるわね」

父「2000年から2007年までは、株・投資関連のキーワードが登場しているね」

薫子「日本では1999年1月に『ITバブル』が始まって、2000年11月に弾けるまでIT関連株が一時的に高騰したのよね。

ただITバブルが弾けた翌年の01年6月には、当時の小泉（純一郎）政権が『骨太の方針』で国民の資産を『貯蓄から投資へ』誘導する方針を打ち出していて、03年には、株式や投資信託の売却益や配当に対する税率を20％から10％に引き下げる証券優遇税制も実施しているわ。これで国民の間に投資熱が高まったのね。それが08年のリーマンショックまで続いたということじゃないかしら」

父「15年頃から再び投資やお金儲けに関する本が売れ始めているのはリーマンショックの余波が一段落し、アベノミクスで株価上昇傾向が顕著になったからだろうね」

薫子「投資やお金儲けに関する本は、完全に定番化したと言ってよさそうね」

父「ただ、投資本にまだ勢いがあった2006年頃から『人生観』や『生きがい』に関するキーワードが目につくようにもなっている」

薫子「この頃は不況があまり長引きすぎてもはや当たり前のものになってしまっていただろうし、貧富の差が拡大した結果、出世や金儲けよりも精神的な安定であるとか生きがいを求める人が増えていたのじゃないかしら？　しかもこのマトリックスを見ると、リーマンショックのあとの数年間は、そうした気分が『負け組』だけじゃなく『勝ち組』にも案外広がっていた可能性があるような気もするわ」

父「長引く不況下で多くの人が癒やしを求めていた面はあるんじゃないかな。２００５年に活動を開始したＡＫＢ48は、経済学者の田中秀臣さんによれば『デフレカルチャー』の産物だそうだよ。以前までのアイドルグループの常識に反して『会いに行けるアイドル』であることや、ファンがそれぞれの『推し』メンバーを応援して総選挙での順位を押し上げる『ファン参加型』の戦略が当たったのは、ファンの『心の消費』欲を満たしてあげたからだそうだ。

おそらく、その傾向は今も続いているんだろう。マイナビが２０１５年に実施した出世意欲に関する調査では、『出世したい』と答えたビジネスパーソンは約３割にとどまっているというしね」

薫子「２００９年のビジネス書２位に『誰とでも15分以上　会話がとぎれない！　話し方

66のルール』（野口敏）、翌10年の7位には『平林都の接遇道――人を喜ばせる応対のかたちと心』（平林都）という本がランクインしているんだけど、この頃からコミュニケーションをテーマにしたベストセラーが増えているのはなぜかしら？」

父「ICTの発達が影響しているんじゃないかな？　SNSやメールでのコミュニケーションは、実は直接会って話をするよりも高度なコミュニケーション能力を要する面があるし」

薫子「私は逆に、メールやSNSを介したコミュニケーションが主流になった結果、対面型のコミュニケーションの価値が相対的に高まったからではないかと思えるな」

父「どうだろう？　過去の流れを分析することで、キーワードとキーワードの間にある相関関係やドライビング・フォースが見えてきたんじゃないか？」

薫子「たしかに不況やAIの登場が、コミュニケーション能力であるとか人間の精神的な安らぎにかかわるような需要も生み出しているなんて、興味深いわね」

アナロジー思考により未来のベストセラーを探す

薫子「さて、これでようやく本題に入れるわね。これらのドライビング・フォースをどう解釈して、どのような企画を立てればいいの？」

父「その作業には、アナロジー思考を活用するといいよ」

薫子「アナロジー思考……。この前ちょっと話してくれた手法よね？」

父「『類似思考』『つながり思考』『点と点をつなぐ思考』などとも呼ばれる、未来予測で仮説を立てたり、検証したりするための代表的な思考法さ。アナロジー思考を大きく分けると、『過去からの類推』と『他の領域からの類推』という大きく2通りの方法がある。過去というのはもう少し平たく言えば前例、他領域というのは、他業界・他商品に関して起きていることだね。こういう、自分自身がいま取り組んでいる課題とは時間的・ジャンル的に距離のあるものごとに学んで、未来予測に応用する手法だ。

『過去からの類推』という点では、弁証法で有名な哲学者のヘーゲルが『進化とは「過去への発展的回帰」である』と述べている。つまり、発展した社会と未開の社会が知的な格闘や対話を通じて『螺旋的発展』をする、『進化・発展』と『復古・復活』が同時に起きる、ということだ。

これをもう少し具体的な言葉で説明すると、たとえば、昔からあったものなのに、非効率的だとみなされ一時的に社会から姿を消したものに目をつけ、それに別の形態を与えて発展的に復活させる。そこにヒットが生まれるかもしれない、という発想だ」

薫子「ハイボールなんてまさにそれよね」

父「ご明察。あれは一時期は完全に時代遅れで若者からは見向きもされなくなっていたウイスキーという飲み物を、チューハイのように炭酸で割り、ビールのように食事中に飲める酒として売り出したことが成功のポイントだったよね。『過去への発展的回帰』そのものだ」

薫子「もうひとつの、『他の領域からの類推』というのはどういうこと？」

父「そうだな……。これはフランスで映画関係の勉強をしていた私の友人の話だが、フランスでは2000年代以降、第二次大戦中に連合国（米・ソ・英・仏・中）が枢軸国（日・独・伊）に対して行った性犯罪、フランス軍がドイツにおいて報復的に行った性犯罪、あるいはフランス国内での、ドイツ兵と交際のあった女性に対するリンチなど、それまでタブー視されていたことが急に映画で描かれるようになったというんだ。すなわち、それまで女性に対する性的虐待が映画やドラマのテーマとしてタブー視されなくなったというのだね」

薫子「何がきっかけでそうなったの？」

父「これについて友人は、『女性の社会的地位が上昇した結果では？』という仮説を立てていたよ。それまで、映画やテレビの業界は女優を除けばほぼ男性が重要なポストを独占していたが、女性たちがそうした場所にも進出するようになり、監督などメッセージを発信できる立場にも就いたからではないか、というんだ。

　またフランスでは移民の数が増大していて、今ではムスリムがフランスの全人口の1割を超えるまでになっており、中にはスポーツや芸能の分野で華々しく活躍している者もいる。社会的マイノリティである外国人労働者や移民がフランス社会に溶け込み、一定の社会的地位を得た結果、マジョリティである白人男性にとっては隠しておきたい恥部でも明るみに出そうとする社会的ニーズが発生したのでは……というのが友人の仮説だ」

薫子「うーん……。何かのヒントになりそうな気もする」

父「アナロジー思考で注意しなければならないことは『歴史は繰り返すにしても、全く同じ恰好で繰り返されるわけではない』『ある方法で日本酒が売れたからといって、同じ方法でビールだって売れるとは限らない』ということだ。

　つまり、比較・類推する対象の類似点だけでなく異質点もしっかり認識すること。まあ、この点は薫子も理解しているようだけどね。

『こういう本が売れる』なんてズバリ言い当てることはさすがにできないが、その方向性くらいまでは決められる。そこに何か偶発的な事象が加われば、〝燎原(りょうげん)の火〟のごとくヒットが生まれることだってあるだろう。父さんに言えるのはここまでかな」

薫子「ありがとう。この先は自分で考えてみるわ。近未来のベストセラー候補になる企画を」

【アナロジー思考を基にした、薫子が案出したアイデア・仮説のメモ抜粋】

・来年は2020年東京オリンピック・パラリンピック。外国からこれまでになくたくさんのお客さんがやってくる。

・1990年のベストセラーがそうだったように、「時代」「未来」「国際」といったキーワードが再び注目される？

・でも今は1990年当時と比較して、少子高齢化や外国人労働者の流入、女性の社会進出などたくさんの環境変化が生まれているから、全く同じように考えるのは無理がある？

・1990年のキーワードは「時代」「未来」「国際」。2020年は？　不況、グローバル化、ICT、AIなどと結びついて、「戦争」「生命」「人類」あたりがキーワードになる？

・天皇陛下が代替わりし、元号が平成から令和に変わった今は、時代のひとつの転換期。

・人は時代の転換期ほど過去を振り返ろうとするもの。さらに社会がグローバル化して「国民」とか「民族」という概念が一面的には揺らいでいるから、逆に自らのアイデンティティを求めるニーズも膨らむかも？

・実際、『日本国紀』（百田尚樹）や『応仁の乱——戦国時代を生んだ大乱』（呉座勇一）がベストセラーになっていて日本史ブームが来ている。だったら歴史とビジネスを結びつける企画に受け入れられる余地あり？

・民族的なアイデンティティといえば、昔、アメリカに連れてこられたアフリカ黒人奴隷の歴史を描いた『ルーツ』というテレビドラマがあったけど、2016年にアメリカでリメイク版が放送されたらしい。これなんかも、父さんが言っていた「過去への発展的回帰」現象のひとつ？

・リメイクといえば、藤田田氏（日本マクドナルド創業者）の1972年の著書『ユダヤの商法』が先ごろ復刻されてヒット。過去の名作ビジネス本の復刻は今後も増えるかも？

・あるいは、テクノロジーのあまりに急激な発達は少なくない人びとに疎外感を抱かせる結果になり、そうした人びとが心の拠りどころとして、歴史だけでなく哲学や倫理への関心を高めることも？？？

・倫理といえば、アリストテレスが『弁論術』の中で、人の心を動かす三要素としてロゴス（論理）とエートス（倫理）、パトス（情熱）の重要性を説いていた。現代は急激なテクノロジーの進化に対応するために論理の重要性ばかりが叫ばれているけど、裏返せばそれについていけないビジネスパーソンだってたくさんいるはずだし、彼らは倫理や情熱に何らかの救いを求めるかもしれない。【哲学×ビジネス】……。あるいは【ビジネス教養としての哲学】を企画にできないか？

・現状、高齢者は書籍のメイン顧客ではないことはわかったけれど、それだって元気な高齢者たちが定年後企業などでビジネス市場に続々復帰してくる状況になれば、彼らがまた有力なターゲットになってくれるかもしれない。女性のビジネス進出も拡大するならその動きも無視できない。女性の場合、子育てとビジネスの両立や、男性社会で受ける性差別やセクハラへの対処などへの関心が高いのでは？

・アジアからの外国人労働者が日本にやってくれば、彼らのバックボーンになる文化や宗教、思想への関心が高まるかも？

・高齢者には活字が大きめの本が好まれるだろうし、女性はビジュアル的に洗練された本を好みそう。このあたりにも考慮する必要アリか――。

マインドマップを作成して企画会議に

父「企画はまとまったかい？」

薫子「お父さんの協力のおかげで、アイデアは自分でも驚くほどたくさん出せたわ。でも、ちょっと多すぎてまとまらないわ。来週の企画会議までに何本かに絞らないと」

父「たくさんアイデアが出るのは悪いことじゃない。アイデアを出す際の基本は、フレームワークを使った強制発想法とアナロジー思考などの自由発想法を組み合わせることで、これらはいずれも創造的思考法と呼ばれる手法だ。この思考法のなかでもグループでアイデアを出すのが**ブレーンストーミング**だ。今の薫子は、そのブレストを一人でやっている状態だけどね。ところで薫子、2018年の流行語大賞を覚えているかい？」

薫子「え？『そだね～』じゃなかったかしら？　平昌オリンピックで銅メダルを獲得した、カーリング女子日本代表チームの口癖の」

父「そう。あの言葉なんて、仲間の意見を否定せず、まず尊重することでスペシャルな成果を出せることの好例だね。『全員ができるだけ多くのアイデアを出し合う』。特定人物だけが過度に発言することは禁止する』。この原則を皆が守ることで良質のアイデアをたくさんテーブルの上に載せるのがブレーンストーミングの鉄則なんだ。だから薫子がいまたくさんアイデアを出すのも悪いことじゃないんだよ」

薫子「はあ。なるほどねえ……。でもブレストでどんどん自由に意見を出すだけでは、まとまりがつかなくなるんじゃないの？　今の私がまさにそうだけど」

父「アイデアを集約（収束）するには、**マインドマップ**を描くのがいい。この手法は、一般的には際限なく自由に発想する『拡散的思考』向きと見られがちなんだが、実は出したアイデアを絞り込み、検証し深掘りする『収束的思考』も併用した手法なんだ。薫子も一度、マインドマップを使って考えを整理してごらん」
薫子「わかった。『ビジネスパーソン向けの書籍のベストセラーはどのように生み出すか?』という問いについてのマインドマップを、テーマ設定だけでなく、顧客の開拓や売り方、編集などの要素も考慮しながら描いてみる」

【薫子が作成したマインドマップ】(次ページの図)

父「マインドマップでアイデアは絞れたかい?」

薫子「ええ、このマインドマップを見ながらあれこれ考えてみたけど、哲学とか思想が一つの重要なキーワードな気がするの。おそらくAIやIoTの時代へのアンチテーゼの意味があると思う。たとえば西洋哲学と東洋哲学を現代風に融合させたビジネス本、老荘思想を活用したビジネス本なんかが作れたらおもしろいと思うんだけど。

あと、平成から令和への時代の転換期を迎え、ますます予測がつかない未来になっていくなかでのキーワードはノスタルジーだと思うわ。確実なもの、過去の栄光に人間はノスタルジーを感じるものよね。だから、昭和のベストセラーの復刻版なんかも可能性がありベストセラーをどのように生み出すか？
どうやって
どのように
顧客の開拓
新たに？
高齢者
どんな
文字大
スマホ
歴史書
例えば
哲学・思想
東洋
西洋
女性
働き方
テレワーク
旅行
ビジュアル
雑誌
英才教育
子育て
例えば
歴史
偉人
憲法改正
戦争史
米中関係
日韓関係
国内
国際
例えば
ブレグジット
政治
テーマ（ニーズ）
情勢
経済
日本経済
消費税
社会
環境
温暖化
林業
バイオ
人口問題
働き方
外国人
技術
どんな？
AI
対仕事
ICT
IoT
バイオ
倫理
哲学・思想
地球
宇宙
自然
自己啓発
どんな？
生き方
歴史
哲学・思想
偉人
健康維持
生活増進
財テク
居住
株式
副業
不動産
能力開発
どんな？
コミュニケーション
話す
聴く
聞く
経営
マーケティング
リーダーシップ
偉人
組織管理
売り方
宣伝広告
書店廻り
事前告知
インターネット
POP
サイン会
ビジネス
復刻版
伝記
雑誌
電子書籍
形態
編集
著者
新人
どうやって
SNS
SNS
同人誌
著名人
？
時代変化
装丁
タイトル
デザイン
ビジュアル
斬新

そう。

そして最後は、やはりマトリックス分析でも浮上したコミュニケーション能力に関するもの。ついつい話すことに話題が行きがちだけど、聞くことだって大切よね。それも、相手の心情によりそって心で聞くことも重要になってくると思う。たとえば仏教とコミュニケーションを掛け合わせたような企画とかは、いけるかもしれないと思うな」

父「おっと、もう終電の時間じゃないか。明日の企画会議に遅刻なんてことになったらこれまでの苦労も水の泡だ。家に帰って、もう少し頑張れよ。でも、マインドマップで意見を整理しておいたことで、会議がどのような展開になっても柔軟に対処できるだろうから大丈夫だ。自信をもって企画会議に臨みなさい」

第6章

未来予測ケーススタディ3
２０３０年の暮らし方・働き方を予測する

自分自身の暮らし方・働き方を考えるための２つの技法＝[8]４つの仮説案出、[9]シナリオ・プランニング

本章の主人公・上田昭夫（30歳）

上田家の長男で薫子と奈美の兄。東京・丸の内のオフィスビルにある某大手企業の社員として働いている。独身。趣味は海外旅行と家庭菜園。東京都郊外のマンションから会社まで毎日片道1時間以上をかけて通勤しているが、毎朝の通勤ラッシュだけは社会人8年目になった今も慣れることができずにいる。一人暮らししながらも長男の自覚ゆえか、今日も親の様子を見に訪ねてきた……だけではなさそうだ。

3つのシナリオ　4つのシナリオ

昭夫「父さん、薫子と奈美に未来を予測するための方法を教えたんだって？　この前2人に会ったら、『父さんのおかげで助かった』って、ずいぶん喜んでいたよ」

父「そうか。お役に立てたなら何よりだ」

昭夫「……俺にも教えてくれないかな」

父「教えるのは構わないが、どういう風の吹き回しだい？」

昭夫「うーん、最近、俺のまわりでも転職でキャリアアップをはかったり、早期退職して起業する人が結構いて……。俺自身もちょっと思うところがあるんだよね」

父「なんだ昭夫、転職するのか？　それとも起業？」
昭夫「いやそうじゃないよ。今の会社は安定しているし、俺としてもできるだけ長く勤めたいとは思っているよ。でもだからといってこの先何が起こるかなんて分からないだろ？だから世の中がどう変化したとしても柔軟に対応できるように、**シナリオ・プランニング**を覚えておきたいんだ」
父「シナリオ・プランニングのことなんてどこで聞いたんだ？」
昭夫「いや、シナリオ・プランニングって最近聞く機会けっこう多いよ。これって、将来起こるかもしれない環境変化を複数予測して、その変化に合わせて戦略を柔軟に修正したり、迅速に実行したりするためのツールなんだろう？　俺みたいな不確実な時代に生きるビジネスマンには絶対必要なものだと思うんだよね。現代はとにかく時代の流れが急で、誰も先なんて読めないんだから」
父「そうだな。たしかにシナリオ・プランニングは近年注目され、政府機関や企業の中長期計画の立案に活用されているが、それも結局は未来を確定的に予測することができないからだろう。できないからこそ、起こり得る複数のシナリオを用意してこれに対処する必要があるというわけだね。
シナリオ・プランニングでは、よく『3つのシナリオ』が用いられる。『最良型、標準

型、最悪型』『楽観型、標準型、悲観型』『拡大型、標準型、縮小型』『積極型、標準型、消極型』などだ」

昭夫「要するに『いい未来』『普通の未来』『悪い未来』の3タイプに分けるということなんだね」

父「そうだ。ただし最近では『4つのシナリオ』が用いられることも多い。森ビル創業者の森泰吉郎氏が創立した森記念財団では、東京が世界のリーディング都市として十分な国際競争力を維持していくために必要な要件や課題を明らかにすべく、2011年に『東京未来シナリオ2035』という都市戦略を策定している。これなども2010年現在を起点に、2035年の東京がどうなるかを『豪雨シナリオ』『長雨シナリオ』『曇天シナリオ』『青空シナリオ』という4つのシナリオで予測したものだ」

昭夫「へえ……。読んでみるよ」

父「『4つのシナリオ』を考える際には、『**4つの仮説案出**』（QHG Quadrant Hypothesis Generation）が応用できる。これは安全保障の分野で相手方の行動を予測するため、起こり得る事象について2つのドライビング・フォースを特定し、さらにこれに基づき4つの異なる仮説を立てる手法だ。つまり、『不確実な軸』を2本掛け合わせることで、2×2＝4で4つのシナリオを作るんだ。

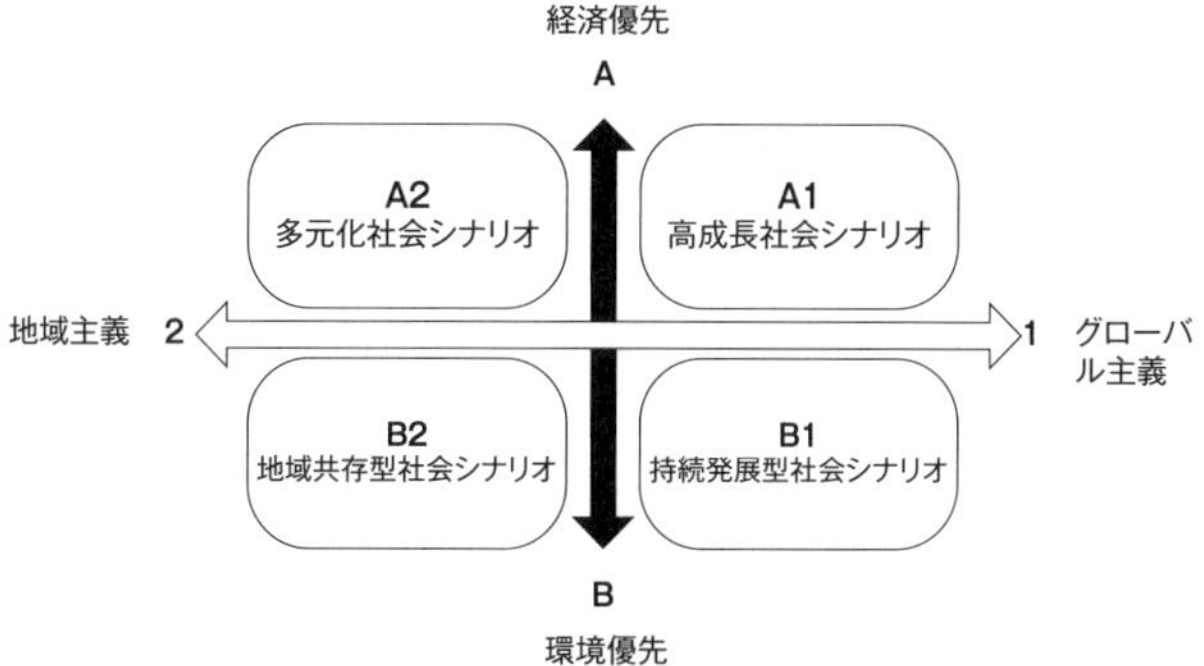

IPCCの資料を元に作成

この手法の応用が今ではシナリオ・プランニングの主流になっている。そういえば、地球温暖化についての科学的調査を行う機関であるＩＰＣＣ（気候変動に関する政府間パネル）が発表した『排出シナリオに関する特別報告書（ＳＲＥＳ）』でも、地球温暖化によって起こり得る４つの異なる発展方向を提示しているね」

昭夫「当時の記事をネットで探してみるよ。……あった。この表だね」

父「ＩＰＣＣでは、大きく経済を優先する志向『Ａ』と環境を優先する志向『Ｂ』の軸、さらにグローバル主義志向『１』とローカルな視点を重視する地域主義志向『２』の軸に分けて、４象限のマトリックスを提示している。そしてこの４つのシナリオのうち最も温暖化が進むのが『Ａ２：多元化社会シナリオ』、逆に温暖化を押さえることができるのが『Ｂ１：持続発展型社会シナリオ』だと指摘している。

これら4つの未来シナリオは、『どれも等しく起こりうる』と考えることがシナリオ・プランニングでは前提になる。

ところで昭夫はシナリオ・プランニングの前提となる『戦略テーマ』や『問い』はもう設定しているのか？　まず昭夫自身が『自分は何に関心があり、何を知りたいのか』を整理しないとシナリオは作れないぞ」

昭夫「関心があるのはやっぱり国際政治に関することかな。日中・日韓関係といい、米中・米朝関係といい最近はとにかく予想を超えるようなことが起きるけど、その行方しだいで俺の仕事も直接的な影響を受けるからね」

父「ただ最初から『国家はどうなる？』『世界はどうなる？』といった大きなテーマに取り組むのは大変だから、初心者はまず自分の身近なテーマから取り組むべきだろうな」

昭夫「そうなるとまず第一はやっぱり仕事だな。上司とこの先うまくやっていけるのか、っていうごく個人的なことに始まって、このグローバル化の時代にうちの会社はどのように対応するのか？　それによって俺自身の働き方はどうなっていくのか？　外国人の上司に仕えるようになるのか？　とか」

父「たしかにそうなってくると切実な問題だな」

昭夫「あるいは同じ仕事のことでも『働き方改革』の行方は気になるよね。特に俺の場合、毎朝の通勤ラッシュには本当にうんざりさせられているから、テレワークで自宅で仕事ができるようになるのか、ならないのかってことには関心あるよ。その関連でいうと、東京都の人口が今後さらに増えるのか？　ということも気になるな」

父「たしかに、あの通勤地獄だけは父さんももうゴメンだな」

昭夫「仕事じゃなければ家族のことかな。父さんと母さんは今のところ元気だし、別々に住んでいても今のところ特に心配はないけど、10年後には介護の問題も考えなければいけなくなるかもしれないし、そうしたら同居も検討しないと」

父「私たちはともかくお前自身のことはどうなんだ？　いずれは結婚して家庭を持つ気がないわけじゃないんだろう？」

昭夫「そりゃあね。そうなった場合、子どもはこの東京で育てるのがいいのか、それとも自然環境のいいところで伸び伸び育てるのがいいのか、マンションかそれとも一戸建てか。それこそ父さんと母さんの介護のことも念頭に置きながらカミさんになってくれる人とは相談しなければいけないだろうね」

父「まあ私たちのことは……。しかしこうして見ると、昭夫の関心は主に働き方と住環境に関することに向いているようだな」

昭夫「そうだね。子育てを考えると今後東京の治安がどうなっていくかも気になるし……。よし、決めた。俺は『俺自身がどのような暮らし方、働き方をしたいか？』を『戦略テーマ』に設定して、その上で『いま20〜30代のビジネスパーソンが、10年後の2030年にはどのような暮らし方、働き方を目指しているか？』という『問い』を立ててみるよ。この『問い』の答えを、シナリオ・プランニングを使って考えてみる」

父「自分自身の暮らし方、働き方について意思決定するために、『同世代のビジネスパーソン全般のライフスタイルの行方を考察するということか。なかなか面白いテーマじゃないか。じゃあさっきの『4つの仮説案出』を使って、まずは未来のシナリオの大枠を考えてみなさい」

ドライビング・フォースを特定する

（数時間後）

昭夫「父さん、『4つのシナリオ』を作るために、何を縦軸と横軸にするか考えているんだけど、これ、やってみるとかなり難しいよ」

父「まあそうだろうな。実は4象限マトリックスは一般のマトリックスに比べて難易度が高いんだ。というのは多くの影響要因の中から重要なドライビング・フォースを2つ選択しなければならないからね」

昭夫「どうすればいいの？」

父「まず『問い』に影響を及ぼす影響要因を考えてみることが重要だ。これは本当は会社の仲間などのグループで自由討議してアイデアを出し合いながら決めていくのが効果的なんだが、一人でやる場合はPESTなどのフレームワークを活用して自分に強制発想させるやり方がいい。さっき昭夫が自分の関心ごとをあれこれ考えていたが、これらに影響すると思われる要因をもう一度整理してごらん」

昭夫「わかった。やってみるよ」

【昭夫がPESTに基づき案出した影響要因】

◇政治（P）

・選挙（自民党は政権を維持しているか？）
・予算（防衛費は対GDP比1％以上を保持しているか？）
・政府の対策（年金制度・健康保険制度は破綻せず存続しているか？　空き家対策や都市開発計画の規制緩和は行われるか？　労働法の改定によって70歳定年制は実現するのか？

地方創生のための抜本的対策はとられるか？）

◇**経済（Ｅ）**

・マクロ経済（円高により日本企業の輸出は停滞するか？　米中経済戦争の影響を受けて株価は現在の水準を大きく下回るか？　消費増税により景気は悪化するか？）

・ミクロ経済（ライバル社の動向は？　わが社の属する業界構造はどう変化するか？）

・わが社の要因（わが社は現在の業績を維持できるか？　わが社には外国人労働者はどの程度増えるか？）

◇**社会（Ｓ）**

・人口（２０３０年の東京の人口はどの程度になるか？　少子高齢化率はどの程度か？　地方から東京への人口流入は増大するか？）

・労働市場（全労働者人口に占める女性や外国人の比率は増えるか？）

・消費（インターネット普及に伴う消費行動は「モノ」から「コト」へ変化するか？）

・税金（社会保障費・医療費はどの程度増額されるか？）

・働き方改革（働き方改革は実現するか？　テレワークはどの程度実現されているか？）

・職場（良好な人間関係が維持できているか？）
・ビジネスパーソンの価値観（ビジネスパーソンたちは出世よりも家庭を優先するか？）
・環境（再生可能エネルギーは普及しているか？　社会全体として地球温暖化対策に取り組んでいるか？）

◇**技術（T）**
・ICTおよびAIの発展（自動運転技術はどの程度普及しているか？　介護用ロボットは一般家庭で実用化されているか？）
・バイオ技術の医療活用

昭夫「さて、影響要因としてはこんなところかな？　でもこれだけある要因の中からドライビング・フォースを2つに絞るのはやっぱり難しい……」
父「特定するコツは他のものより重要度が高く、なおかつ『不確実性が高そう』な要因を選ぶことだ。たとえば少子高齢化などはほぼ確実に訪れることで、年金制度の行き詰まりや医療費の高騰なども少子高齢化に付随してやってくることが比較的容易に予測できる。こういったものは『既定』といってシナリオにそのまま組み込めばよいし、政府にとってはすぐにでも対策をとらなければいけない喫緊の課題でもある。敢えてシナリオ・プランニングをしてまで、時間をかけて考えるテーマにはなりにくいということだ」

昭夫「なるほどね」

父「一方で今の安倍政権は『一億総活躍社会』実現を掲げて労働市場での女性・高齢者の活用を促進しようとしているほか、2060年代にも1億人の人口を維持することを目標にしているわけだけど、これらが2030年の時点でどの程度の成果が挙がっているのかは不確実と言わざるを得ないだろう?」

昭夫「不確実性が高い、つまり予測しにくいがゆえに逆にじっくり考える価値がある、ということだね?」

父「そうだ。ただその一方で、起こるか起こらないか全くわからない天災であるとか、不確実要素が大きすぎるものも排除しなくてはいけない。また職場の人間関係などはビジネスパーソンにとって最大のストレス原因ではあるが、人間関係なんてものは不確実要素が大きすぎてその時々で対処するほかない。

こういうふうに排除すべきものを排除していくことで、不確実性が高く、なおかつ『問い』に及ぼすインパクトが大きい要素が次第に明らかになっていくはずなんだが、ここでは『暮らし方・働き方』という昭夫の戦略テーマにより直結するものを探ることにしよう」

昭夫「つまり『どこに住み、どこで働くか？』という職住の問題に関係の深そうな影響要因を2つ、ということかな」

父「たしかにこれはビジネスパーソンなら無関心ではいられない問題ではあるね。特に都市部の勤め人にとって朝の通勤ラッシュは非生産的で、ストレス以外の何物でもないから。……首都圏のビジネスパーソンを通勤地獄から解放するにはどうしたらいいだろう？」

昭夫「ビジネスパーソンがみんな会社の近くに住めるようになればいいだろうけど、東京のバカ高い家賃でそんなの不可能だしね。究極の解決は通勤しなくても済むようになることだろうな」

父「つまり、企業によるテレワークの推進だな。日本マイクロソフトなどは2011年の時点でテレワークを本格導入し生産性を向上させたようだが、これは『既定』、つまりどこの会社も時間の問題で導入するものだろうか？」

昭夫「いや、俺の会社は社員の労務管理やICT端末の情報管理が複雑になりすぎるという理由であまり乗り気じゃないね。……そうか。不確実な軸のひとつは『企業のテレワーク推進』にしてみよう」

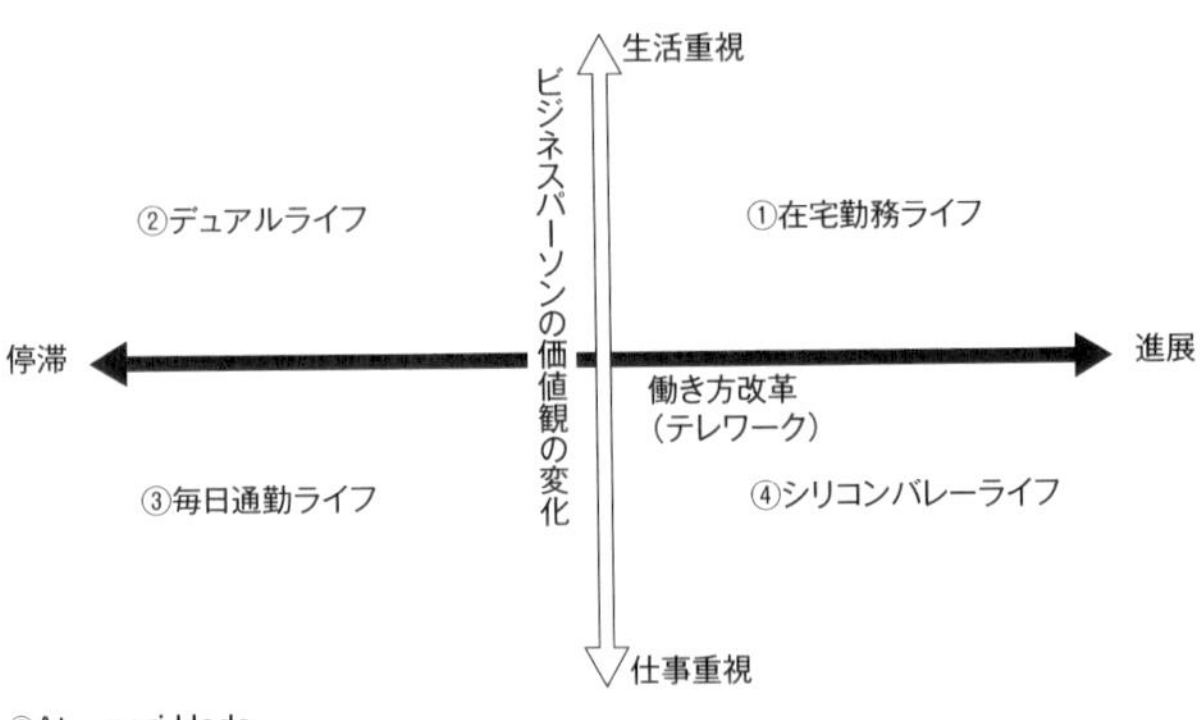

©Atsumori Ueda

父「つまり、どこで働くかという意思決定に直結するドライビング・フォースだな。では、これとは対の関係になるもうひとつの暮らし方はどうだろうか?」

昭夫「2019年のライフスタイルのトレンドのひとつに『デュアルライフ』があるらしいんだけど、それはどうだろうか?」

父「なんだいそれは?」

昭夫「デュアルライフとは2拠点生活、つまり、都会で働いている人が田舎にセカンドハウスを借りて、週末や長期休暇の間だけそちらで生活することさ。かつては金持ちの定年退職者が道楽で田舎に別荘を持っていたけど、今では20~30代のビジネスパーソンが、田舎の空き家を安く借りることで、普段は都会の利便性を享受しつつ田舎暮らしも楽しんでいるというんだ」

父「へえ。楽しそうだな」

昭夫「で、この流行はビジネスパーソンたちの『仕事よりも生活を重視したい』という価値観の変化が大いに関係しているように思えるんだよね。そう考えると、『どこに住むか、どこで働くか』という問題のもう一つの軸は、ビジネスパーソンの価値観の変化、つまり『仕事重視か生活重視か』にあるんじゃないだろうか？」

父「もうひとつの軸ができたな。じゃあ今度は、それを４象限マトリックスにまとめて、それぞれの未来のシナリオについて名前をつけてみるといい。名前をつけるのは、ざっくりと全体像を把握するためだ」

昭夫「こんな感じでいいかな？」

４つの仮説を評価して肉付けをする

父「いいだろう。４つの未来のシナリオが案出できたら、いよいよこれを肉付けしてストーリーを書くことになる」

昭夫「いよいよか……」

父「ただそのためには、各シナリオを評価する必要がある。欧米の情報機関は相手側の戦略を予測するにあたって、『４つの仮説案出』で浮かび上がった仮説をマトリックス手法を用いて評価しているようだ。

この際、縦軸には4つの仮説を、横軸には『既存の兆候』『メリット／利点』『リスク／不利点』『リスクの軽減』『予期しない反応の生起』などの項目を設定する。そしてその上で各シナリオの蓋然性、つまり起こり得る可能性の高低などを評価することになる。ただしこれによってどの仮説の蓋然性が高いかを決めるというよりは、どういった条件が生起すれば、それぞれの仮説がどういう方向に向かうかを明らかにすることを重視しているようだ。

ここでは各未来シナリオを『前提』『利点』『不利点』の3点に絞って評価してみるといいだろう」

昭夫「じゃあ今の話を参考に各仮説を評価してみるよ。こんな感じかな？」

【昭夫による各仮説の評価】

①在宅勤務ライフ

・前提……ＩＣＴの発達やグローバル人材の増加を踏まえ、企業は優秀な労働力を確保するために競ってテレワークを導入する。ビジネスパーソンは仕事よりもプライベートライフを重視する。

・利点……コンビニや医療・娯楽施設などに恵まれた、都市ならではの生活利便性を享受できる。また自宅での勤務ができることで通勤地獄は回避でき、男性でも家事や子育てへの参加が容易になる。

・不利点……テレワークの場合は仕事内容が限定されるがゆえにオフィス勤務の頃より収入が下がったり、他人から管理されないため自己管理の甘さにより生産性が低下する可能性がある。

②デュアルライフ

・前提……企業のテレワーク導入は進まない。ビジネスパーソンは仕事よりもプライベートライフを重視する。田舎には人口減少で空き家が増え、そうした住宅が安く賃貸用に出回っている。平日は東京近辺に住み毎日そこから通勤するが、週末や長期休暇時には田舎生活を満喫する。

・利点……週末や長期休暇の間は広々とした住まい、豊かな自然環境の中で子育てができ、趣味の家庭菜園などに時間を充てられる。定年退職後に本格的な田舎暮らしを志望している場合、その地域のコミュニティに若い頃から少しずつ溶け込んでいくこともできる。

・不利点……ビジネスパーソンの競争心が低下して社会全体の生産性が低下する可能性がある。また地域コミュニティの人間関係に煩わしさを感じる可能性もある。

③毎日通勤ライフ

・前提……企業のテレワーク導入は進まない。ビジネスパーソンは個人の生活よりも仕事優先の傾向が強く、企業への帰属心も高い。企業の業績は総じて安定推移している。

・利点……企業の業績向上とともに安定した生活が維持できる。上司からは頻繁に指導を受け、同僚と切磋琢磨できることでより効率的にスキルアップが可能となる。

・不利点……個人の自由時間の確保が困難であり、会社の業績しだいで個人の仕事や生活が大きく左右される。転業やセカンドライフのためのスキルは自助努力しなければ磨かれない。

④シリコンバレーライフ

・前提……企業はテレワークを推進し、従業員へのサテライトオフィス提供や兼業にも理解を示す。ビジネスパーソンは生活よりも仕事を優先しており、常にイノベーションや起業について考えている。多方面の人材とのグローバルな交流を求めて外国にもしばしば出かけるため、飛行場へのアクセスが容易でなおかつ自然環境に恵まれたところに共同で居住する。

・利点……高い志を共有するビジネスパーソンが日常的に意見を交換しあい、またグローバルな視点を持てることで豊かなアイデアを生み出せる。また、①の都市在宅ライフと異なり、都会生活の息苦しさや孤独感を回避できる。

・不利点……優秀な人材が転職、独立しやすいという意味で企業から見れば人材流出のリスクがある。個人としては①ほどの生活の利便性はなく、インフラ状況によって子どもの教育や両親の介護に支障をきたす。

父「4つの未来シナリオの骨格はできあがったようだね。これに2030年までの10年間の時間軸の物差しを当てて、2019年10月の消費増税や2020年の東京オリンピック、2025年の大阪万博開催など、すでに決定済みの主要事象を織り込みながら各シナリオを肉付けすることになる。この際に守るべきルールとしては、第1に物語形式でシナリオを書くことだ」

昭夫「物語形式の方が臨場感があって理解しやすいものね」

父「そうだ。そして第2に現在形と過去形で書くことだ」

昭夫「え？　未来のことなのに過去形なの？」
父「過去形で語ることで、実際に『未来に行って帰って来た』ように感じられるからね。それにシナリオに『〜となるだろう』といった推量的な要素を交えてしまうと思考がストップしてしまい次の展開が出てこない。しかし『会社はテレワークを完全導入した』と断言することで、『それにより社員たちは〜』といった『次』を予測する発想が出てくる」

カルマンフィルタ法で未来を予測する

父「これまで『4つの仮説案出』に基づいて4つの未来ストーリーを描写するプロセスについて説明したが、これとは少し変わったシナリオ作成方法についても説明しておこう。**カルマンフィルタ法**に基づくシナリオ作成法だ。

昭夫「カルマンフィルタ法？　聞いたこともないな」

父「これは、工学のカルマンフィルタ法の考え方を応用した方法なんだ。難しいところは後回しにして、おもいきり簡単な例で紹介しよう。

　ある人が東京の自宅を出発し、自動車で神奈川県の箱根の温泉に向かっているとする。途中までは高速道路の渋滞もなくほぼ順調にやってきた。到着予定時刻も推定できる。これがベースラインシナリオだ。

カルマンフィルタ法を応用したシナリオ・プランニング

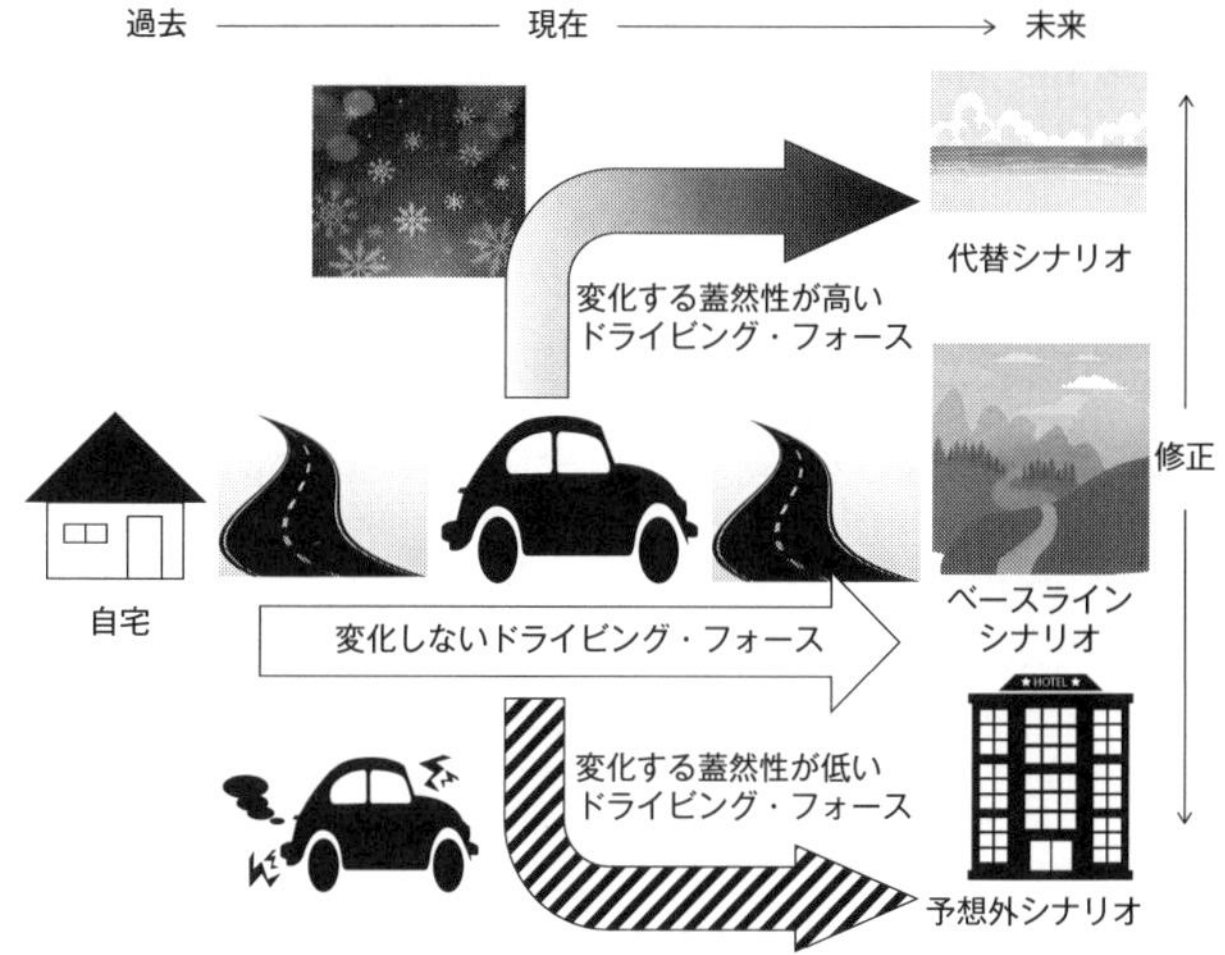

©Atsumori Ueda

ところが、朝からのどんよりした空模様から大雪になったとする。となると、行き先を箱根から、たとえば海沿いの熱海の温泉に変更しようとするかもしれない。これが代替シナリオとなる。さらには、これは滅多に起こらないかもしれないが、車の故障だってゼロではない。その場合、温泉行きそのものを諦めて、故障場所付近でのホテル宿泊ということにもなりかねない。これが予想外シナリオだ。

このように未来に起こるかもしれない3つのシナリオを先行的に考えておけば、実際に起きる事態はその範疇に収まる蓋然性が高いので、想定外のことでアタフタしなくてもいいし、危機管理に有効――という考えなんだ」
昭夫「へぇー面白そうだな。でも俺の問題では具体的にはどうやって未来を予測してくの？」
父「まず問題及び対象期間を設定し、次にドライビング・フォースを特定する。この際、PESTなどのフレームワークを活用して自由発想的に影響要因、つまりドライビング・フォースの候補を列挙する。しかるのちにこれを5つから7つに絞り込む」
昭夫「ここでは『問題』は引き続きビジネスパーソンの職と住の問題、期間も同じく2030年までだね」
父「次に、各ドライビング・フォースにつき『前提』をひとつ考える。この前提は現在形で進行する状況について述べたものでなくてはいけないよ。
そして3つのシナリオを考える。まず、現在進行している現状を2030年まで延長したストーリーが『ベースラインシナリオ』になる。
これができたら次は『代替シナリオ』だ。これはドライビング・フォースの前提の中で変化する蓋然性が高いものを1つ選定して、その前提に置き換えて、ベースラインシナリオを修正する。
最後は『予想外シナリオ』だ。これはもっとも変化する蓋然性の低いドライビング・フォースの前提に置き換えて物語を再構成することになる。

ところで昭夫は、先の4つのシナリオの中で最も蓋然性が高いシナリオはどれだと思う？」

昭夫「うーん……③の『毎日通勤ライフ』かなあ？　政府の『働き方改革』では企業の時間外労働などについては厳しく取り締まることはできても、テレワークについては一部の業種、あるいはごく限られた一部の業務を担当する社員にしか普及しないような気がする。少なくとも今後10年程度でテレワークが日本企業の主流になるとまでは思えないんだよね。だから大半の人は、あいかわらず通勤地獄に悩まされながら毎日会社に行くことになるような気がする。今とあまり変わらないってことかな」

父「案外悲観的なんだな。でも、それはそれでいい。では逆に、昭夫が考える理想的なシナリオは？」

昭夫「それは④の『シリコンバレーライフ』だよ。日本が国際社会で競争力を維持していくにはイノベーションが必須だし、海外から優秀な研究者や技術者を招くには、彼らに環境のよい場所に住んでもらって、共にアイデアや創意工夫を生み出さなきゃいけない。そうした日本版シリコンバレーみたいな都市が日本に何ヵ所かできれば、日本が少子高齢化を乗り越えていくための理想的な牽引力にもなってくれるんじゃないかな」

父「東京都は多摩地区に『多摩イノベーション交流ゾーン』を設置する構想もあるようだし、そうした『日本版シリコンバレー』的な地域がこれからは本当に各地に増えていくかもしれないね。しかし、ICTの発達は同時に人々の間に情報格差や教育格差を広げ、ひいては経済格差も拡大させるかもしれない。

そうした未来において個人が企業や社会から認められ、時代を牽引するビジネスパーソンになるには語学力やコミュニケーション能力、高度なICTスキルが必要になるだろうし、絶えざる意識変革とスキルアップが要求されるだろう……。

まあいい。それでは、③と④のケースについて、それぞれベースラインシナリオ、代替シナリオ、予想外シナリオを考えてみることにしよう。この際の前提は、さっきも言ったように現在進行している状況を書くのが原則だ。ここでは③及び④を成り立たせる前提を設定しよう。まあ、基本的な考え方を理解しておけば、いろいろなアレンジが可能ということだ。

まずPESTによる影響要因の列挙だ。本当はグループでアイデアを出し、それから投票によって5〜7のドライビング・フォースに絞るのがいいんだが、ここではとりあえず自分で思いついたものを列挙し、それを自分の主観で5〜7個に絞ってごらん。では③の毎日通勤ライフから考えてみようか」

昭夫「じゃあ政治（P）は『働き方改革』と『都市開発動向』、経済（E）は『景気動向』、社会（S）は『人口動向』と『ビジネスパーソンの意識』、技術（T）は『ICT動向』の合計6つでやってみる」

父「よし。次にそれぞれのドライビング・フォースにおいて、毎日通勤ライフへと発展する前提を考えてみよう」

昭夫「こんな前提でどうかな？」

【昭夫の考えた前提】

◇働き方改革——多くの企業はテレワークを完全導入するに至っていない。

◇都市開発動向——空き家対策や市街化調整区域の建設基準緩和は進まず、都市郊外に住むスタイルが維持される。

◇景気動向——経済成長率1％程度の低成長が続く。

◇人口動向——少子高齢化が進む。

◇ビジネスパーソンの意識——企業への帰属意識と出世志向がともに強い。

◇ICT動向——国民が情報を安全に活用するための政府対策は不十分なものにとどまり、サイバー犯罪、テロなどへの懸念からICT端末は企業内にとどまる。

父「ベースラインシナリオは以上の前提を基に肉付けしてストーリーを描写することになる。代替シナリオの作成では、変化の蓋然性が高い前提を1つ置き換えることになるが、これについてはどうかな？」
昭夫「ビジネスパーソンの意識を変えてみようかな。でも意識が仕事重視から生活重視に変わるとすると、このシナリオはデュアルライフに向かうことになるのかなぁ……？」
父「そうだね。でも、それはそれで構わない。もともとこれは『4つの仮説案出』とは異なる手法であって、最初から4象限のシナリオから出発する手法ではないから。では予想外シナリオはどうかな？」
昭夫「少子高齢化が一区切りしてベビーブームが起きる、とか」
父「それはまた斬新な仮説だな。まあ本当に今この時点で少子化がストップしたとしても、その後10年では労働人口の変化は起きないけどね。でも、少子化がストップするという仮説を成り立たせるにはビジネスパーソンの意識も生活重視に修正する必要があるかもしれないな」
昭夫「ああ、なるほど。この手法では一つの前提を置き換えることで、全体のバランスを維持するために、他の前提も修正しなければならなくなるわけだね」

父「そうだ。それ以外にも少子化をストップするには子育て支援金制度や保育所の拡充のほか、シングルマザーに対する支援、あるいは養子縁組制度の見直しなどの政策的な変化も必要になる。またその一方で、防衛費の削減や危機管理に対する予算が削減されて、地政学的リスクや自然災害の発生により予想外の事態を招く可能性もある……まあこんな具合に想像力を駆使してストーリーを修正していくわけだ」

昭夫「1ヵ所変えるだけでずいぶん変わるものだね」

父「まあ③『毎日通勤ライフ』のストーリーの作成は昭夫に任せることとして、ここでは昭夫が理想的なシナリオと言っていた④『シリコンバレーライフ』のシナリオを一緒に考えてみることにしようか。

考えやすいように、ドライビング・フォースは③の場合と同じにしよう。まず前提は③とは異なってくるね。これを置き換えてみよう」

昭夫「えーと、今度はこうだね」

◇働き方改革——多くの企業がテレワークを導入する。

◇都市開発動向——総務省が示す地方中枢拠点都市構想のもと、働く人がワーク・ライフ・バランスを保てるような都市が全国的に開発される。

◇景気動向――経済成長率が2％以上の水準を維持する。
◇人口動向――少子高齢化は加速する。
◇ビジネスパーソンの意識――生活よりも仕事を重視する。
◇ＩＣＴ動向――ＡＩ、ＩｏＴ、ビッグデータ解析などのテクノロジーがさらに発展する。

父「これをもとに、まずは簡単なストーリーを作成してみよう」

【昭夫の考えたシナリオ】

昭夫「じゃあ読むよ。まずはベースラインシナリオから」

◇ベースラインシナリオ

２０３０年。政府による「働き方改革」の旗振りの下、多くの企業は少子高齢化による労働力不足を補うために、子育て支援と一体となった経営構造改革を行っている。

企業は、自社の社員たちが自由な発想を持てるようになればそのぶんイノベーションが促進されるはずとの思惑から副業を認めるなど、多様な働き方にいっそうの理解を示すようになっている。

働き方改革の中核となっているのが、自宅など好きな場所で働くことができるテレワークである。多くの企業はこのテレワーク制を導入し、大企業のなかにはサテライトオフィスを開設して従前以上の生産性を挙げるところも現れている。

政府は、地方から都市への大規模な人口流出による限界集落の増加を懸念して地方創生に力を入れており、道州制度の導入も検討を開始した。東京、名古屋、大阪の三大都市圏のほか日本全国の連携中枢都市圏で重点的な整備を推進しており、これらの都市圏から国際線を有する空港へのアクセスは容易になった。これに伴うインバウンド、国際会議・研修の誘致、ビザ申請の簡略化などによって、ヒト・モノ・情報の国際的流通は活発化している。

多くのビジネスパーソンが集まる大都市・東京の心臓部は国際ビジネス交流ゾーンとなり、シンガポールと並ぶアジア最大のビジネス・交流拠点としての地位を確立した。また多摩地区は東京都から「多摩イノベーション交流ゾーン」に設定されており、自然と調和した住環境にビジネス・商業機能の強化が図られたことで多くの大学・企業・研究機関が集まるようになった。

ここでは、外国から集まったＩＴ技術者、研究者などが言葉の壁を乗り越えて、多様なアイデアとイノベーションを効率的に生み出している。多摩地区はワーク・ライフ・バランス実現の都市として、「日本版シリコンバレー」と呼ばれるようになっている。

2020年代に入り、中国やインドを始めとする新興国で中間層が増大。これらの国で自動車を始めとする日本製品の消費が拡大したことで日本経済は好調に転じ、2%以上の安定的かつ持続発展的な経済成長を続けている。

医療技術の発達によりさらに平均年齢は上昇。少子高齢化の比率は改善されていないものの、高齢者が元気でいられる期間である健康寿命は延びている。高齢者、女性、さらには外国人労働者の雇用拡大に加えてAIを核としたICTの導入により、深刻な労働力不足には至っていない。拠点都市においては、外国人住民の仕事や生活を支援する総合的な窓口が整備され、外国人共生の体制は確実にできあがりつつある。

ビジネスパーソンは、仕事と生活のバランスに配慮しているものの「仕事あっての生活である」としてグローバルな経済活動に積極的に取り組んでいる。政府のグローバル人材の育成努力が実を結びつつあり、2010年代にみられたような、海外留学や海外勤務を忌避するようなリスク回避型で内向きな志向は一般的ではなくなり、海外に積極進出することで経営成果を挙げている。日本の多くの企業が新興アジア諸国に進出する一方、治安がよく、国内外へのアクセス網や情報環境が整備され、公害対策も進んでいる日本には海外の多くの企業家が注目している。

ＩＣＴではＡＩ、ＩｏＴ、ビッグデータが発達し、さまざまな新技術が産業や生活に取り込まれ、モノの位置や状況がリアルタイムで把握できることで、ライドシェアなどの産業が発達している。消費型社会からシェア型社会、循環型社会への転換は、ビジネスパーソンの生活にゆとりをもたらしている。

また情報の利活用における安全性についても、生体認証技術や情報管理技術の飛躍的発展により、高い情報セキュリティが保たれ、犯罪やサイバーテロへの対応力が高まっている。

◇代替シナリオ

父「次に代替シナリオの作成だけど、いま昭夫が話してくれた前提の『ビジネスパーソンの意識』を生活重視に置き換えれば、４つのシナリオのうち①の『在宅勤務ライフ』に近くなるかもしれないね。

そうなれば、ビジネスパーソンはマイホーム重視となり、仕事上の冒険やリスクは回避して、自宅でできる仕事を選択する傾向が強くなる。人々は生活の利便性を求めて都市に住みたがるので政府が主導する地方創生も進まないかもしれないね。また、肉体労働は外国人労働者中心になるかもしれない。他方でＩＣＴは発達して、消費社会からシェア社会に転換し、人々は低所得でもそれなりの暮らしができるようになるかもしれない。
まあ、このシナリオの詳細はあまり突き詰めないことにしよう」

◇予想外シナリオ

父「さて、最後の予想外シナリオだが、これは昭夫の得意な国際政治の知識を生かして臨場感のあるものを書いてみてくれ」
昭夫「予想外でも起こるときには起こると思える説得力がないといけないものね」
父「ここでは最も変化の蓋然性が低いと思われるドライビング・フォースの前提を置き換えるわけだが、ここでは蓋然性が高いか低いかの議論はさておき、景気動向を『米中の本格的な対立による急激な円高の招来』としてみよう」
昭夫「ＯＫ。じゃあ読むよ」

【昭夫の考えた予想外シナリオ】

２０２０年秋、米国では「アメリカファースト」政策を掲げるドナルド・トランプ大統領がグローバル化の波に乗り遅れた層の支持を受け再選を果たした。トランプ政権は中国に対する経済的締め付けを強化するとともに、日本や台湾に対する武器売却の政策は推進した。これにより、米中の対立は政治的にも経済的にも高まった。

2022年秋、中国では中国共産党の第20回全国代表大会が開催され、習近平氏が3期連続で最高指導者として選出された。このことは中国が集団指導体制から完全決別し、個人崇拝に依拠した強権政治に本格的に移行したことの現れであると国外から批判された。

中国経済は労働賃金の上昇と、2010年代後半からの〝米中貿易戦争〟の影響により減速傾向にあったが、中国指導部による情報統制などの強権政治があいまって、多くの海外企業が中国から撤退する事態となった。このため共産党の一部が習氏の経済政策に疑いの目を向ける事態になり、習氏は求心力維持のため目に見える対外成果を挙げようと、「一帯一路」戦略を加速させたほか、台湾を統一するとの政治宣伝を以前にまして顕著に行うようになった。このことが米中の対立構造をさらに深刻化させた。

2023年から米中対立により世界経済が低迷するなか、北朝鮮や中東における地政学的リスクなどが急激な円高を招き1ドル90円台まで高騰。日本の輸出企業は大打撃を受けた。

日本企業は以前から円高・円安の影響を回避するため、また市場をグローバルに国外へと求める目的から海外に拠点を移す傾向にあったが、急激な円高はその傾向に拍車をかけた。またＩＣＴの発展や、２０１０年代末から少子高齢化を背景とする働き方改革を政府が推奨したことにより、多くの企業はテレワーク化を推進し、海外にもサテライトオフィスを保有するなどした。円高襲来以降は、本社を海外に移転する日本企業が増加している。

日本における優良企業の空洞化に加え、優秀なビジネスパーソンが海外に流出するなか、次第に国内でのビジネスパーソンの就職や転職にも悪影響が出始めた。２０１０年代から進めてきた外国人労働者の雇用も次第に停滞するようになった。

企業の業績低迷で法人税収が大幅に減少するなか、わが国の人口構造はさらに少子高齢化へと向かい、２０２５年からはすべての団塊世代が後期高齢者となったことで社会保障費が一挙に増大した。また安倍政権が選挙対策の一環として進めてきた教育無償化で財政赤字が累積し、その穴埋めとして消費税の税率が再び上げられた。

日本全体の税収が減少するなか、地方創生は推進不可能となり、多くのビジネスパーソンは都心に近い郊外に住む傾向が強まった。さらにＩＣＴの発達に伴う循環型、シェア型社会の到来によって「低所得、低消費」のライフスタイルが主流となった。一部のビジネスパーソンは在宅勤務を志向し、残された一部のビジネスパーソンはデュアルライフを志向するようになった。

また多くのビジネスパーソンは対面ではなくバーチャル空間を介したコミュニケーションが主体となったが、それが彼らの抱える疎外感を高め、社会から活力を失わせる原因のひとつにもなっている。

未来に向けた準備

父「さて、未来のシナリオを作成してみてどうだったかな？　フレームワークによる前提を設定することで、精度の差はあれど、誰でもある程度のシナリオは作成できることが理解できたと思う。

シナリオを作ることで関連知識は増えるし、知識が増えればシナリオに厚みが増す。だからまずはなにか一本シナリオを作ってみることが大事だね」

昭夫「たしかに今回、自分でシナリオを書くことで勉強になったことがいくつもあったよ。俺、ＩＣＴ関連には苦手意識があったんだけど、その勉強に取り組もうという気にもなってきた」

父「初めてのシナリオを書き終わったところで、今後もこの作業を続けていくうえで重要なことをいくつか教えておこう。

まず第一に、『シナリオは常に修正する』こと。一度シナリオを作ったからといってそれを額縁に入れて飾っておくのではなく、環境変化や最新の情報に応じてどんどん修正していくんだ。

20世紀を代表する経済学者であるジョン・メイナード・ケインズは投資家でもあったんだが、彼が『一貫して一貫性に欠ける』経済学者と呼ばれていたのを知っているかい？

ケインズの教えを受けていた英国のチャーチル首相がルーズベルト米国大統領との会談に臨んだ後、ケインズに『あなたの意見が正しいと思い始めた』と電報を送ると、ケインズからは『それは残念。すでに私の意見は変わりはじめました』と返信があったという有名な話がある。

ケインズという人は為替相場での失敗を繰り返してはそのたびに分析と理論の修正をして再挑戦し、最後には巨万の富を築いた人だ。だからこそ柔軟性に欠ける経済学者のことはいつも批判していた。

そしてそれ以上に大事な第2の点は、未来に向かって自己の能力やスキル、精神性を高めろ、ということだ。『未来がどうなるか？』とあれこれ思いをめぐらし、受動的、内向きになっても仕方がない。

現代のカリスマのひとりに元ライブドア社長の堀江貴文氏がいるが、彼は『人間はＡＩに仕事を奪われる』というよくある見方に対し、『人の知性や成長力、順応性などを考慮しない、バカらしい意見だ。AIのことを正しく学び、現在の知見から自分なりに考えてみるべきだ』などと一蹴している。私は堀江氏を全面的に信奉しているわけではないのだけど、この言葉に関しては実に的を射ていると思うね。

要は、『自分自身が未来をどうしたいのか』を考え、起こりうる複数の未来に対して、自らが立ち向かっていく。自らの不足している能力やスキルを高めることで、外部環境は同じでも自分の未来は変わってくる。そこにはAIと共生できる余地があるということだ。

経営学の神様であるドラッカーも『一番確実な未来予知の方法は、未来自体を作り出してしまうことである』といっているよ。これも肝に銘じたいね。

そして最後に、冒険やリスクを恐れずに行動し、失敗を教訓にせよということ。シナリオ・プランニングの考え方の基本は、起こり得る複数のシナリオを作成して、それに対して今から準備することだ。

日本人はよくリスク回避型の民族であるといわれているが、現代の青年はその傾向がいっそう強くなっているような気がするよ。多くの若者が安定性に惹かれて公務員になりたいと言っているようだが、AI時代には公務員だって安定とはいえない。

ただ逆に公務員として何かやりたいことがあるならば、それがどんなに厳しい環境であっても挑戦すべきだ。これは、リスク回避型の思考に囚われて、挑戦の機会を失ってきた私自身の反省と自戒でもあるんだ。

そもそも情報分析や未来予測は戦略判断や戦略の実行のためにやるものだ。未来予測して、危険だからといってリスクを回避して何も行動を起こさなければ本末転倒だよ。だからまずは行動する。行動することによってこれまで見えなかった未来が見えてくる。失敗したら修正する。そしてまた計画、行動する。すなわち、予測、判断（計画）、実行、修正を繰り返せばいい。このことは、昭夫だけではなく、薫子や奈美にも言いたいことなんだ。

父さんも、君たちと一緒にテクノロジーが進展する未来を覗いてみたいし、困ったときに何らかのアドバイスができれば幸せでもある。しかし、それはほとんど無理な願望だね。結局、自身が課題（問題）を設定し、情報を集め、分析して、問題を解決しなければならないと思う。どうか頑張ってくれ」

おわりに

本書にはいささか個人的な思いも込められている。

本書に登場する「上田家」の1男2女の若者たちは、筆者自身の3人の娘を少しばかりアレンジしたものである。

「人生100年時代」とはいうものの、私の娘たちは先行世代の社会保障費を支えるため、現役世代のあいだは重い負担に耐えなければならない。一方、自分たちの年金支給開始が70歳との予測もあり、高齢になっても働き続けなければいけないだろう。つまり、彼女たちの人生は想像以上に苛酷なものになるかもしれない。

ただその行く末を見届けることが能わない者から心ばかりのエールを送るなら、これからの時代に適合した働き方なり生活スタイルを身につけることができたならば、その人は多くの意義ある挑戦ができるという意味でとても魅力ある人生を送ることができるかもしれない。

ピンチを予測して、チャンスに変える。本書で何度か述べさせてもらったが、筆者は未来予測をリスクを回避するだけでなく、リスクを把握することでよりアグレッシブに行動するためのツールだと思っている。

だからこそ筆者は本書の第4章以降の内容で、娘たちをモデルに3人の架空の同世代人たちを想定し、この世代が知りたいであろうこと、知るべきであろうことを情報分析の手法を使って明らかにするストーリーを展開した。筆者が防衛省や自衛隊で培（つちか）った思考法や情報分析の手法を実業の世界に応用する思考実験を行うことで、彼女たちの世代が未来に向かって積極的に生きられるよう応援したかったのである。

ここで3人の若者たちは、「未来ではどんな職業（ビジネス）が有望か？」「どのようなスキルを身につけるべきか？」「どのような商品がヒットするか？」「未来のビジネスパーソンの暮らし方、働き方はどうなるか？」などの「問い」をそれぞれに立て、自分なりの答えを見つけていく。

これらの「問い」に対するアウトプット（つまり、回答）は誰がやろうと一定ということはありえず、分析する人の個性や置かれている環境、立場により異なることも本書の最初の方で述べたとおりである。ただし答えを導き出すまでの思考過程や情報分析の手法には、安全保障やビジネスといった分野の違い、分析者のパーソナリティの違いを超えて、一定の共通性があるということをご理解いただけたなら、著者としてはこの本を書いた意味があったということになる。

なおこの3つの章で取り上げた各「問い」は、筆者が2018年4月にビジネスパーソン向けの「情報分析（インテリジェンス）実践講座」（麹町アカデミア主催・拙著『武器になる情報分析力』で講演内容を紹介）を行った際に、実際の若手〜中堅年代のビジネスパーソンたちにヒアリングした際の内容を基にしている。民間でのビジネス経験をもたない筆者が本書のような本を書き上げることを可能にしてくれた共同作業者として、この場を借りて皆さんに感謝を申し上げたい。

最後に、執筆に際して貴重な助言をいただいた光井善行氏、峯崎恭輔氏、橋迫裕太郎氏、そして本書を世に出していただいた現代新書の青木肇編集長およびフリーライターの古川琢也氏に心より感謝申し上げ、本書のむすびとしたい。

その他の参考文献一覧

大前研一『大前研一ビジネスジャーナル』
山口周『武器になる哲学――人生を生き抜くための哲学・思想のキーコンセプト50』
西村行功『「未来を読む」ビジネス戦略の教科書』
小林昌平『その悩み、哲学者がすでに答えを出しています』
小川仁志『世界一わかりやすい哲学の授業』
佐藤航陽『未来に先回りする思考法』
北岡元『ビジネス・インテリジェンス――未来を予想するシナリオ分析の技法』
内田和成『論点思考――BCG流問題設定の技術』
後正武『意思決定のための「分析の技術」――最大の経営成果をあげる問題発見・解決の思考法』
フィリップ・E・テトロックほか『超予測力――不確実な時代の先を読む10カ条』
細谷功『アナロジー思考――「構造」と「関係性」を見抜く』
Robert M. Clark『Intelligence Analysis: A Target-Centric Approach』
トニー・ブザンほか『ザ・マインドマップ――脳の力を強化する思考技術』
小泉修平『予測理論早わかり読本――情報分析の手法を一挙紹介』

講談社現代新書　2545

未来予測入門　元防衛省情報分析官が編み出した技法

二〇一九年一〇月二〇日第一刷発行

著者　上田篤盛

発行者　渡瀬昌彦

発行所　株式会社講談社

東京都文京区音羽二丁目一二―二一　郵便番号一一二―八〇〇一

電話　〇三―五三九五―三五二一　編集（現代新書）

〇三―五三九五―四四一五　販売

〇三―五三九五―三六一五　業務

装幀者　中島英樹

印刷所　豊国印刷株式会社

製本所　株式会社国宝社

本文データ制作　講談社デジタル製作

定価はカバーに表示してあります　Printed in Japan

N.D.C.300　254p　18cm

ISBN978-4-06-514580-7

「講談社現代新書」の刊行にあたって

教養は万人が身をもって養い創造すべきものであって、一部の専門家の占有物として、ただ一方的に人々の手もとに配布され伝達されうるものではありません。

しかし、不幸にしてわが国の現状では、教養の重要な養いとなるべき書物は、ほとんど講壇からの天下りや単なる解説に終始し、知識技術を真剣に希求する青少年・学生・一般民衆の根本的な疑問や興味は、けっして十分に答えられ、解きほぐされ、手引きされることがありません。万人の内奥から発した真正の教養への芽ばえが、こうして放置され、むなしく滅びさる運命にゆだねられているのです。

このことは、中・高校だけで教育をおわる人々の成長をはばんでいるだけでなく、大学に進んだり、インテリと目されたりする人々の精神力の健康さえもむしばみ、わが国の文化の実質をまことに脆弱なものにしています。単なる博識以上の根強い思索力・判断力、および確かな技術にささえられた教養を必要とする日本の将来にとって、これは真剣に憂慮されなければならない事態であるといわなければなりません。

わたしたちの「講談社現代新書」は、この事態の克服を意図して計画されたものです。これによってわたしたちは、講壇からの天下りでもなく、単なる解説書でもない、もっぱら万人の魂に生ずる初発的かつ根本的な問題をとらえ、掘り起こし、手引きし、しかも最新の知識への展望を万人に確立させる書物を、新しく世の中に送り出したいと念願しています。

わたしたちは、創業以来民衆を対象とする啓蒙の仕事に専心してきた講談社にとって、これこそもっともふさわしい課題であり、伝統ある出版社としての義務でもあると考えているのです。

一九六四年四月　野間省一